CODE

DES

NOTAIRES PUBLICS.

TOME PREMIER.

CODE

DES

NOTAIRES PUBLICS,

OU

Recueil des Décrets qui intéressent particulièrement les Notaires ; avec de nouvelles formules des principaux actes de leur ministère, suivies d'instructions sommaires sur les clauses dont ils sont susceptibles.

TOME PREMIER.

A PARIS,

Chez { L'Éditeur, Place Dauphine, N°. XI.
Petit et Desenne, l.b. au Palais Royal.
Belin et Delalain, lib. rue Saint-Jacques.

DE L'IMPRIMERIE DE DIDOT JEUNE.
1792.

Le prix de chaque volume de ce Code,
est de 2 liv. 5 sols pris chez l'Éditeur,
et 2 liv. 10 sols envoyé franc de port.

On a fait tirer un certain nombre
d'exemplaires sur papier inférieur, qu'on
passera à 30 sols, et 35 sols franc de port.

AVERTISSEMENT

DE L'ÉDITEUR.

Plusieurs de MM. les Notaires des départemens m'ayant témoigné dans leurs lettres de souscription aux différens ouvrages que j'ai précédemment publiés, le desir d'avoir un recueil particulier des nouvelles lois qui les concernent personnellement, et dont la connaissance doit leur être la plus familière, je me suis décidé à mettre au jour ce nouveau recueil, dans lequel je ne me suis proposé en effet d'autre but que de rassembler les diverses parties de notre nou-

a iij

velle législation, qui intéressent particulièrement MM. les Notaires.

J'ai cru devoir d'abord placer en tête le décret fondamental de la nouvelle organisation du notariat, qui est aussi la base de ce recueil.

J'ai ensuite recherché parmi les décrets rendus jusqu'à ce jour, tous ceux qui avaient rapport aux fonctions de Notaires, et je les ai placés dans l'ordre qui m'a paru le plus convenable ; lorsque ces décrets ne contenaient que quelques articles relatifs à l'objet de ce recueil, je me suis contenté de les extraire.

Enfin, comme il résultait de ces nouvelles lois, divers

changemens à observer dans le style et les clauses ordinaires des actes notariés, j'ai cru devoir ajouter à ces décrets, plusieurs formules d'actes, afin d'avoir occasion de faire remarquer ces innovations.

Je me proposais de donner un plus grand nombre de ces formules, notamment sur les constitutions de rentes, sur les baux à ferme et sur les prêts à terme fixe, afin de donner des exemples des différentes clauses nouvelles qui peuvent avoir lieu d'après les décrets rendus sur ces matières; mais les bornes que j'avais fixées d'avance à ce recueil, et qu'il ne m'était plus possible d'outre-passer d'après le prix auquel je l'avais annoncé, n'ont pas permis de les comprendre dans les deux volumes que je publie en ce moment.

Il était également dans mon intention d'y comprendre ceux des décrets rendus sur la féodalité, qui ont le plus de connexité avec les fonctions ordinaires des notaires ; mais le nouveau systême que la législature actuelle a annoncé sur cette partie, m'a déterminé à suspendre, dans la crainte de placer rien d'inutile dans ce recueil.

Les dispositions qui seront définitivement décrétées sur cette matière, ainsi que les formules qui nous restent à donner, feront la matière d'un troisième volume que nous publierons incessamment, et dans lequel nous ajouterons ceux des décrets de la nouvelle législature, qui pourront encore avoir trait à l'objet de ce recueil.

A Paris, ce 1ᵉʳ. juin 1792, l'an 4ᵉ. de la liberté.

TABLE

DES TITRES DES MATIÈRES contenues dans ce premier volume.

———

DÉCRET général qui fixe le sort des Notaires anciens, et règle l'existence des nouveaux. Pag. 1

TIT. I. *Suppression des Notaires royaux et autres, et création des Notaires publics.* Ibid.

Sect. I. *Suppression des Notaires royaux et autres.* Ibid.

Sect. II. *Création des Notaires publics.* 3

TIT. II. *Établissement des Notaires publics.* 11

TIT. III. *De la conservation des minutes des Notaires, et de leur dépôt.* 22

TIT. IV. *Nouvelle forme de nomination et d'institution des Notaires publics.* 31

TIT. V. *Remboursement des Notaires royaux.* 42

Articles extraits de divers décrets concernant les Notaires.

Décret concernant les Notaires royaux des ci-devant greniers à sel. - 51

Décret concernant les fonctions des ci-devant jurés-priseurs. 52

Décret concernant les inventaires, comptes et partages. 53

Décret concernant l'estimation et l'aliénation des domaines nationaux. 54

Décret concernant l'administration des domaines nationaux non vendus. 56

Décret concernant les patentes. 57

Décret contenant diverses dispositions additionnelles sur l'ordre judiciaire. 58

Décret portant défenses d'employer dans les actes, aucune des anciennes qualifications supprimées. 60

Décret qui défend à tous Notaires-séquestres de délivrer aucune somme, si on ne leur justifie du paiement des impositions. 62

Décret concernant les receveurs des consignations et commissaires aux saisies-réelles. 64

Décret concernant la liquidation des offices supprimés. 65

Décret concernant la liquidation des dettes contractées par les corps et communautés supprimés. 68-70

Décret concernant l'ancien timbre. 71

Décret concernant la clôture des registres et répertoires des Notaires, écrits sur l'ancien papier timbré. 72

Décrets relatifs au nouveau timbre.

Décret primitif. 74
Tarif du papier timbré. 97

Décret additionnel concernant les actes sujets au timbre. 98

Autre décret additionnel. 99

Autre décret additionnel. 103

Table alphabétique des diverses dispositions contenues dans les décrets sur le timbre. 105

Décrets relatifs à l'enregistrement des actes.

Décret primitif. 125

Tarif des droits d'enregistrement. 155

Iere. CLASSE. -

Sect. I. *Actes sujets au droit de 5 sols par 100 livres.* 155

Sect. II. *Actes sujets au droit de 10 sols par 100 livres.* 159

Sect. III. *Actes sujets au droit de 15 sols par 100 livres.* 162

Sect. IV. *Actes sujets au droit de 20 sols par 100 livres.* 164

Sect. V. *Actes sujets au droit de 30 sols par 100 livres.* 169

Sect. VI. *Actes sujets au droit de 40 sols par 100 livres.* 171

xiv TABLE.

Sect. VII. *Actes sujets au droit de 3 liv. par 100 livres.*　173

Sect. VIII. *Actes sujets au droit de 4 liv. par 100 livres.*　174

II. CLASSE. *Actes dont le droit est réglé en raison du revenu présumé.*　175

III. CLASSE.

Sect. I. *Actes sujets au droit fixe de 5 sols.*　181

Sect. II. *Actes sujets au droit fixe de 10 sols.*　182

Sect. III. *Actes sujets au droit fixe de 15 sols.*　184

Sect. IV. *Actes sujets au droit fixe de 20 sols.*　186

Sect. V. *Actes sujets au droit fixe de 40 sols.*　190

Sect. VI. *Actes sujets au droit fixe de 3 livres.*　191

Sect. VII. *Actes sujets au droit fixe de 6 livres.*　192

Sect. VIII. *Actes sujets au droit fixe de 12 livres.*　193

Dispositions relatives aux actes sous signatures privées.　194

Titre des exceptions.　195

Décret additionnel.　197

Table alphabétique des diverses dispositions contenues dans les décrets et tarif de l'enregistrement.   207

Dispositions diverses, relatives au timbre et à l'enregistrement, extraites de différens décrets.   250

CODE

CODE DES NOTAIRES.

DÉCRET GÉNÉRAL qui fixe le sort des Notaires anciens, et règle l'existence des nouveaux.

Du 29 septembre 1791, sanctionné le 6 octobre suivant.

TITRE PREMIER.

Suppression des Notaires royaux et autres, et création des Notaires publics.

SECTION PREMIÈRE.

Suppression des Notaires royaux et autres.

ARTICLE PREMIER.

La vénalité et l'hérédité des offices royaux de notaires, tabellions, notaires-clercs aux inventaires, notaires connus en quelques lieux sous

Tome I.   A

le nom de greffiers, ou sous toute autre dénomination que ce soit, sont abolies.

II.

Les offices de notaires ou tabellions authentiques, seigneuriaux, apostoliques, et tous autres offices du même genre, sous quelque dénomination qu'ils existent, sont supprimés.

III.

Ces divers officiers seront remplacés par des notaires publics, dont l'établissement sera formé, pour le présent et pour l'avenir, ainsi qu'il sera dit ci-après.

IV.

Jusqu'à la formation dudit établissement, les officiers supprimés par les articles I et II, seront libres de continuer provisoirement leurs fonctions dans l'étendue de leur ancien arrondissement.

V.

Les actes qui, jusqu'à la publication du présent décret, auraient été reçus par lesdits officiers hors des limites de leur ancien arrondissement, ne pourront être attaqués pour cause d'incompétence.

SECTION II.

Création des Notaires publics.

ARTICLE PREMIER.

Il sera établi dans tout le royaume, des fonctionnaires publics chargés de recevoir tous les actes qui sont actuellement du ressort des notaires royaux et autres, et de leur donner le caractère d'authenticité attaché aux actes publics.

II.

Ces fonctionnaires porteront le nom de *Notaires publics ;* ils seront institués à vie, et ils ne pourront être destitués que pour cause de prévarication préalablement jugée.

III.

L'exercice des fonctions de notaire public sera incompatible avec celui des fonctions d'avoué et de greffier, et avec la recette des contributions publiques.

IV.

Provisoirement , et jusqu'à la confection du code civil , les actes des notaires publics seront reçus dans chaque lieu , suivant les anciennes formes ; et néanmoins, dans les lieux où la présence de deux notaires était textuellement requise et déclarée suffisante pour certains actes , ils pourront être reçus par un seul notaire public et deux témoins âgés de vingt-un ans, sachant signer, et ayant d'ailleurs les autres qualités requises par les coutumes et ordonnances.

V.

Les notaires ne pourront instru-

menter, sans connaître le nom, l'état
,et la demeure des parties, ou sans
qu'ils leur soient attestés dans l'acte,
par deux citoyens ayant les mêmes
qualités que celles requises pour
être témoin instrumentaire.

V I.

A moins d'empêchement légitime,
les notaires publics seront tenus de
prêter leur ministère, lorsqu'ils en
seront requis : ils feront au surplus
observer dans les conventions, les
lois qui intéressent l'ordre public ;
et, tant à cet égard, qu'en ce qui
concerne la conservation des minutes et généralement l'exercice de
leurs fonctions, ils se conformeront
aux anciennes ordonnances et règlemens concernant les notaires royaux,
jusqu'à ce qu'il ait été autrement
statué par le Pouvoir législatif.

V II.

Les notaires pourront, sur la seule

réquisition d'une partie intéressée, représenter dans les inventaires, ventes, comptes, partages, et autres opérations amiables, les absens qui n'auront pas de fondés de procuration spéciale et authentique ; mais ils ne pourront en même temps instrumenter dans lesdites opérations.

VIII.

Le nombre et le placement de ces fonctionnaires seront déterminés, pour chaque département, par le Corps législatif, d'après les instructions qui lui seront adressées par les Directoires desdits départemens.

IX.

Pour les villes, la population ; et pour les campagnes, l'éloignement des villes et l'étendue du territoire combinés avec la population, seront les principales bases de l'établissement des notaires publics.

X.

Les notaires publics seront tenus de résider dans les lieux pour lesquels ils auront été établis.

XI.

Ils ne pourront exercer leurs fonctions hors des limites des départemens dans lesquels ils se trouveront placés; mais tous ceux du même département exerceront concurremment entre eux, dans toute son étendue.

XII.

Ils prendront, en conséquence, la qualité *de Notaires publics , pour le département de* .... *à la résidence de la ville* ou *du bourg de* ....

XIII.

Les actes des notaires publics seront exécutoires dans tout le Royaume, nonobstant l'inscription de faux, jusqu'à jugement définitif.

A iv

XIV.

A cet effet, leurs grosses ou expéditions exécutoires seront intitulées pe la forme suivante : N. (le nom du Roi) *par la grâce de Dieu et la Loi constitutionnelle de l'Etat , Roi des Français ; Salut. Savoir faisons que Pardevant , etc.* Et elles seront terminées , immédiatement avant la date, par cette autre formule : *Mandons que les présentes soient mises à exécution par qui il appartiendra.*

XV.

Et néanmoins, lorsque ces actes devront être mis à exécution hors du département dans lequel ils auront été passés , les grosses ou expéditions seront en outre légalisées par l'un des juges du tribunal d'immatriculation du notaire public qui les aura délivrées , sans qu'il soit besoin d'aucun autre scel ni de *visa.*

XVI.

Il sera déposé par chaque notaire public, à titre de garantie des faits de ses fonctions, un fonds de responsabilité en deniers, dont le versement se fera entre les mains des receveurs de districts, qui en feront aussitôt la remise au trésor national.

Les notaires n'en recevrónt aucun intérêt, mais ils seront exempts de tous droits de patentes.

XVII.

Ce fonds de responsabilité demeure dès à présent fixé.

Savoir:

Pour les notaires publics
de la ville de Paris, à.. 40,000 l.
Pour ceux des villes de 60
mille ames et au-dessus,
à.......................... 15,000
Pour ceux des villes de 40
à 60 mille ames, à..... 8,000

Pour ceux des villes de 20
    à 40 mille ames, à.... 4,000
Pour ceux des villes de 10
    à 20 mille ames, à.... 3,000
Pour toutes les autres
    villes, bourgs ou villa-
    ges, à.............. 2,000

XVIII.

Il sera délivré à chaque notaire public une reconnaissance du montant de son dépôt; et lors des démissions ou des décès, le capital de ces reconnaissances sera remboursé au notaire public démis, ou à l'héritier du décédé, par le sujet qui aura été nommé pour le remplacer, en justifiant qu'il n'existe pas d'empêchement entre les mains du conservateur des oppositions.

XIX.

Et dans le cas où, après la démission ou le décès d'un notaire public, il n'y aurait pas lieu de pourvoir à

son remplacement, le remboursement dudit fonds de responsabilité
lui sera fait, ou à ses héritiers, par
le trésor public, dans l'année de la
démission ou du décès.

TITRE II.

Etablissement des Notaires publics.

ARTICLE PREMIER.

Les notaires publics seront à l'avenir, nommés et institués dans les
formes prescrites par le titre IV de
ce décret; mais leur premier établissement sera fait d'après les dispositions suivantes.

II.

Les notaires ou tabellions royaux,
qui, à l'époque de cet établissement,
se trouveront en exercice, soit en
vertu de provisions, soit en vertu
de commissions émanées du sceau,
et tous les autres officiers supprimés

par les articles I et II de la première section du titre premier,
seront dans chaque département
considérés sous trois classes.

1°. Les notaires royaux résidant
actuellement dans les lieux où il
sera établi des notaires publics, et
les notaires seigneuriaux des mêmes
lieux, lorsqu'ils tenaient à une jurisdiction seigneuriale ayant son principal siége dans cette résidence, et
ressortissant nuement à une cour
souveraine.

2°. Les notaires royaux qui résident actuellement dans les lieux où
il ne sera pas établi de notaires
publics.

3°. Les notaires seigneuriaux,
autres que ceux désignés dans la
première classe.

III.

Les notaires de la première classe
seront admis de préférence à se faire

recevoir notaires publics dans les lieux où ils résident, mais ils ne pourront, dans aucun cas, opter une autre résidence.

Quel que soit leur nombre, ils seront tous admis à exercer, et ne seront point tenus de se réduire. Leur réduction ne s'opérera que par mort ou démission.

IV.

En conséquence, après la fixation des chefs lieux de résidence et du nombre des notaires publics, le procureur-général-syndic de chaque département fera notifier dans tout le département, aux notaires de la première classe, en la personne du plus ancien d'entre eux dans chaque résidence, qu'ils aient à lui déclarer dans le mois de cette notification, et chacun individuellement, s'ils veulent être confirmés dans l'exercice de leurs fonctions, en qualité de notaires publics.

V.

Ceux desdits notaires qui, dans ce délai, n'auront pas envoyé d'acceptation , seront présumés avoir renoncé à leur droit ; leurs places, de même que celles des notaires qui auront donné un refus formel, seront comprises dans le tableau des places vacantes , si le nombre n'est pas complet , et dès l'expiration du mois, ils seront irrévocablement déchus de toute préférence.

V I.

Immédiatement après ledit délai, le directoire du département vérifiera les acceptations remises ; et pour les lieux où le nombre de ces acceptations complétera , ou lors même qu'il excéderait celui requis, le tableau nominatif des acceptans sera dressé suivant l'ordre de leur ancienne réception en qualité de notaires.

VII.

Si au contraire, en certains lieux, le nombre des acceptations se trouve insuffisant, il sera complété ainsi qu'il suit.

VIII.

Les notaires de la seconde classe et ceux de la troisième pourront se présenter pour remplir les places de notaires publics, vacantes dans les diverses résidences du département, en désignant la résidence à laquelle ils demanderont à être attachés.

IX.

En conséquence, après le premier placement qui aura été fait en conformité des articles III et IV, le directoire du département fera publier et afficher dans son arrondissement, le tableau des places vacantes, soit dans les résidences nouvellement créées, soit dans les résidences conservées et où le nombre des notaires ne sera pas complet.

X.

Dans le mois après cette publication, les notaires de la seconde et de la troisième classe qui voudront occuper des places de notaires publics, seront tenus d'adresser au procureur-général-syndic du département, leurs déclarations portant désignation de la résidence dans laquelle ils demandent à être placés.

Seront d'abord préférés les notaires de la seconde classe; ensuite, parmi les notaires de la troisième, seront préférés ceux qui demeuraient dans le lieu où une résidence de notaires publics aura été établie.

Les notaires, ainsi appelés par degré à occuper des places de notaires publics, seront admis suivant l'ancienneté de leur service, jusqu'à ce que le nombre fixé soit rempli.

XI.

Ceux qui, dans le délai d'un mois, n'auront pas fait leur déclaration, seront censés avoir renoncé à leur droit, et ne pourront plus se faire inscrire pour les places vacantes.

XII.

Les notaires qui n'auront pu être placés dans la résidence par eux désignée, pourront en indiquer une autre dans laquelle il y aurait encore des places vacantes, et ainsi de suite, jusqu'à ce que toutes les résidences du département soient complètes; et les mêmes règles de préférence et d'ancienneté seront observées dans ce cas, comme dans ceux ci-dessus spécifiés.

XIII.

Immédiatement après le premier placement et les placemens successifs, le tableau nominatif des notaires publics attachés à chaque résidence, sera envoyé par le procureur-général-syndic, au commissaire du roi près le tribunal dans l'arrondissement duquel sera le chef-lieu de résidence de ces notaires publics.

Et à l'égard des villes où il existe plusieurs tribunaux judiciaires, cet envoi sera fait au commissaire près celui desdits tribunaux dans le ressort duquel la maison municipale se trouve située.

XIV.

Dans le délai de deux mois à compter du jour de la réquisition qui en sera faite à chacun d'eux par le commissaire du roi, les officiers inscrits sur le tableau seront tenus d'effectuer le dépôt de leurs fonds de responsabilité, de se retirer pardevers le Roi à l'effet d'obtenir une commission, et de se présenter au tribunal pour y être reçus en qualité de notaires publics.

La commission du Roi ne pourra leur être refusée, en justifiant par eux du dépôt de leur fonds de responsabilité, et elle rappellera au surplus la date de leur ancienne réception.

XV.

Sur la représentation de cette commission, ils seront admis devant le tribunal, pour consigner au bas du procès-verbal qui sera dressé à cet effet, les signature et paraphe dont ils entendent se servir dans l'exercice de leurs fonctions, et prêter le serment prescrit par l'article dernier du titre IV.

XVI.

Il sera remis à chacun d'eux un extrait de ce procès-verbal, lequel extrait leur servira d'institution et réception; et de ce jour seulement ils prendront la qualité de notaires publics, et auront le droit d'exercer dans tout le département.

XVII.

Faute par lesdits notaires d'avoir rempli, dans le délai de deux mois, les formalités prescrites par les articles XIV et XV, leurs places seront réputées vacantes; et, sur l'avis qui en sera donné au directoire du département par le commissaire du roi, il sera pourvu à leur remplacement.

XVIII.

Lorsque tous les notaires de la seconde et de la troisième classe, inscrits pour devenir notaires publics, seront placés; ou lorsque, n'ayant pu l'être dans les résidences qu'ils auront désignées, ils n'auront pas fait de désignation nouvelle, s'il y a encore des places vacantes, il y sera pourvu suivant les formes qui vont être établies par le titre IV de ce décret.

XIX.

Dans chaque département, après

la clôture du placement des notaires publics , le directoire enverra aux commissaires du roi auprès des divers tribunaux de son ressort, un état nominatif des anciens notaires royaux ou autres, qui, par refus formel , par défaut d'acceptation ou par toute autre cause, ne se trouveront pas compris dans le nouvel établissement.

Cet état sera publié et affiché sans délai , à la diligence desdits commissaires du roi , tant dans les nouvelles que dans les anciennes résidences de notaires de leurs arrondissemens respectifs ; et huitaine après cette publication , tous les anciens notaires non placés seront tenus de cesser l'exercice de leurs fonctions, à peine de faux et de nullité.

X X.

Et à l'égard des notaires admis dans le placement , mais qui s'en trouveraient déchus aux termes de l'article XVII, ils seront tenus pareillement, et sous les mêmes peines, de cesser leurs fonctions huitaine après l'injonction qui leur en sera faite par le commissaire du roi.

TITRE III.

De la conservation et du dépôt des minutes d'actes des notaires.

Article premier.

Les minutes dépendant des offices de notaires royaux et autres supprimés par le titre premier de ce décret, seront mises en la garde des notaires publics établis dans la résidence la plus prochaine du lieu de leur dépôt actuel.

II.

En conséquence, les minutes actuellement conservées dans les lieux où il sera établi des notaires publics, ne pourront en être déplacées, et celles qui se trouveront par tout ailleurs, seront portées dans le plus prochain chef-lieu de résidence de notaire public, en suivant à cet égard la démarcation par cantons.

III.

A cet effet, après que le directoire de l'administration du département aura fait publier le tableau des notaires publics de chaque résidence, le directoire de l'administration du district dressera l'état des anciens offices, soit du lieu même, soit des lieux circonvoisins, dont les minutes doivent être remises auxdits notaires publics, et adressera cet état au commissaire du roi du tribunal.

IV.

Les notaires royaux et autres devenus notaires publics dans le lieu où leurs minutes devront rester ou être apportées, en conserveront exclusivement le dépôt.

V.

Les notaires qui auront cessé d'exercer, ou qui auront été placés dans une autre résidence que celle où leurs minutes doivent être déposées, ainsi que les héritiers des anciens titulaires décédés, pourront, dans un mois à compter du jour de la notification qui leur en sera faite par le commissaire du roi, remettre lesdites minutes à celui des notaires publics qu'ils jugeront à propos de choisir parmi ceux établis dans le chef-lieu de résidence où les minutes devront être apportées, et faire sur les recouvremens telles conventions que bon leur semblera.

V I.

Mais à défaut de remise dans le cours de ce délai, les possesseurs de ces minutes séront tenus de les déposer

ser incontinent, avec les répertoires, entre les mains du plus ancien notaire public de cette résidence, lequel s'en chargera provisoirement sur son récépissé, après récolement et vérification.

Ils remettront, en même temps, un état des recouvremens à faire sur lesdites minutes, et seront tenus de déclarer par écrit s'ils veulent que lesdits recouvremens soient pour leur compte, ou s'ils préfèrent en céder la perception.

VII.

Au premier cas, les minutes et répertoires, ainsi que l'état des recouvremens, seront remis, après nouvelle vérification, à celui des notaires publics de la résidence qui offrira de se charger du tout, et d'effectuer les recouvremens; et à défaut ou en cas de concurrence, la remise en sera faite par la voie du sort.

VIII.

Lorsque, au contraire, les anciens possesseurs auront déclaré vouloir céder les recouvremens, la possession des minutes sera adjugée, eu égard auxdits recouvremens, sur enchères entre les notaires publics de la résidence, par-devant le maire ou premier officier municipal.

Et néanmoins, si le prix de la dernière enchère est au-dessous des trois quarts du total des recouvremens, les possesseurs auront la faculté d'empêcher l'adjudication, en demandant que la perception des recouvremens soit faite pour leur compte; et, dans ce cas, on suivra les règles prescrites par l'art. VII du présent titre.

IX.

Les minutes d'actes de notaires qui se trouveront contenues dans les bureaux de tabellionage ou autres dépôts publics établis en certains lieux, y seront provisoirement conservées.

Celles qui peuvent exister encore dans les greffes des ci-devant justices seigneuriales seront, à la diligence des commissaires du roi, remises incessamment aux greffes des tribunaux des districts dans le ressort desquels elles sont actuellement en dépôt.

Les gardiens desdites minutes pourront en délivrer des expéditions, en se conformant aux ordonnances.

X.

A l'égards des minutes existant dans les archives des ci-devant seigneurs, ou entre les mains de toutes autres personnes privées, elles seront remises, avec les répertoires, s'il s'en trouve, au plus ancien notaire public de la résidence voisine, huitaine après la sommation qui en sera par lui faite aux possesseurs actuels, lesquels, à raison de cette remise, ne pourront exiger aucun remboursement ni indemnité.

XI.

Ces minutes seront d'abord placées en corps distincts, formés par la réunion des actes dépendant d'un même office ; et les corps complets seront ensuite distribués, un par un, avec les répertoires, entre les notaires publics de la résidence, en commençant par le plus ancien , et continuant jusqu'à l'entière distribution.

A l'égard des minutes qui se trouveront faire partie d'un corps déposé dans une autre résidence , elles seront immédiatement envoyées dans le lieu de ce dépôt pour y être réunies.

XII.

Deux mois , au plus tard , après

la distribution de ces corps de minutes anciennes, les notaires publics qui en auront reçu le dépôt, seront tenus d'en faire la déclaration au greffe du tribunal dans le ressort duquel leur résidence se trouvera située, et d'indiquer en même temps le nom des divers notaires de qui lesdites minutes proviennent.

Ils dresseront en outre dans les six mois du dépôt, un répertoire exact des minutes, s'il n'en existait pas lors de la distribution.

XIII.

Lors de la démission ou du décès des notaires publics, au remplacement desquels il n'y aura pas lieu de pourvoir, les démettans ou les héritiers des décédés auront la faculté de remettre leurs minutes à l'un des notaires publics de la résidence, et de s'arranger pour les recouvremens, dans le délai d'un mois, à compter de la démission ou du décès; et après ce délai, le commissaire du Roi auprès du tribunal poursuivra la remise des minutes entre les mains du plus ancien des notaires publics, pour être procédé à leur dépôt, ainsi qu'il a été dit par les articles VI, VII et suivans.

XIV.

A l'avenir, dans tous les cas où il y aura lieu au remplacement d'un notaire public, par démission ou décès, les minutes passeront à son successeur, et la remise lui en sera faite, sauf à lui tenir compte des recouvremens.

XV.

L'évaluation des recouvremens sera faite de gré à gré, s'il est possible, sinon par deux notaires choisis de part et d'autre, parmi ceux de la résidence du notaire démettant ou décédé, et, à leur défaut, parmi ceux de la résidence la plus voisine; lesquels appréciateurs, en cas de diversité d'avis, prendront un autre notaire de la résidence pour les départager.

XVI.

A compter du premier janvier 1793, les notaires publics seront tenus de déposer, dans les deux premiers mois de chaque année, au greffe du tribunal de leur immatriculation, un double par eux certifié du répertoire des actes qu'ils auront reçus dans le cours de l'année précédente, à peine de cent livres d'amende par chaque mois de retard.

TITRE IV,

Nouvelle forme de nomination et d'institution des notaires publics.

ARTICLE PREMIER.

Les places des notaires publics ne

pourront être occupées à l'avenir, que par des sujets antérieurement désignés dans un concours public, qui aura lieu à cet effet le 1er. septembre de chaque année, dans les villes chefs-lieux de département.

Le premier concours se fera extraordinairement le 1er. mars prochain.

I I.

Les juges du concours seront au nombre de neuf; savoir : deux membres du tribunal établi dans le lieu où se fera le concours, le commissaire du roi près le même tribunal, deux membres du directoire de département, le procureur-général-syndic et trois notaires publics de la ville, pris par ordre d'ancienneté, à tour de rôle.

I I I.

Dans les villes où il se trouvera plusieurs tribunaux, les juges et les commissaires du roi seront pris alternativement dans chacun d'eux, en commençant par le numéro premier pour le premier concours.

I V.

Pour être admis à concourir, il faudra,

1°. Avoir satisfait à l'inscription civique, en quelque lieu du royaume que ce soit ;

2°. Être âgé de vingt-cinq ans accomplis.

3°. Avoir travaillé pendant huit années sans interruption ; savoir : pendant les quatre premières, soit dans les études des ci-devant procureurs ou des avoués, soit dans les études de notaires, en quelque lieu que ce soit du royaume ; mais, nécessairement pendant les quatre dernières, en qualité de clerc de notaire, dans l'étendue du département où le concours aura lieu, et y être actuellement, employé en cette qualité.

Les juges et les hommes de loi remplissant les deux premières conditions et exerçant depuis cinq ans, dont trois au moins dans l'étendue du département, seront pareillement admis au concours.

V.

Dans le mois qui précédera le concours, lequel après celui du 1er. mars prochain, se fera toujours le 1er. septembre, sans avoir besoin d'être annoncé ni proclamé, et sans que, sous aucun prétexte, il puisse être retardé ou n'avoir pas lieu, tous ceux qui désireront être admis audit concours, remettront au commisaire du roi, désigné pour l'un des juges, les titres et certificats servant à constater les qualités et conditions ci-dessus requises ; et les clercs rapporteront en outre, avec les certificats d'études qui leur auront été délivrés par les divers officiers chez lesquels ils les auront faites, des attestations de leurs vie et mœurs, signées par lesd. officiers, et dûment légalisées.

V I.

Les ci-devant notaires royaux qui, après avoir fait les déclarations prescrites par le titre II, n'auront pu être employés lors du prochain établissement, seront dispensés du concours, et ils pourront, sur leur demande, être inscrits en premier ordre, et en suivant entre eux le rang de leur réception, sur le premier tableau de candidats qui sera dressé.

V I I.

Mais ceux desdits notaires royaux qui n'auront fait aucune déclaration, ainsi que les notaires ci-devant seigneuriaux qui n'auraient pas été placés, soit qu'ils aient ou non demandé à l'être, seront simplement admis à concourir sur la seule énonciation et justification de leur ancienne qualité.

V.III.

Les juges qui procéderont à l'examen, commenceront par vérifier les titres des sujets qui se présenteront, pour savoir s'ils remplissent les conditions requises.

Les sujets qui rempliront ces conditions, seront seuls admis à l'examen ; il consistera dans un interrogatoire fait à chacun séparément, sur les principes de la constitution, les fonctions et les devoirs de notaire public, et dans la rédaction d'un acte, dont le programme sera donné par les juges, et rempli sans déplacer par les aspirans.

I X.

La capacité des sujets sera jugée à la majorité absolue des voix.

X.

Ceux qui seront ainsi reconnus capables , seront déclarés par les juges de l'examen, habiles à remplir les fonctions de notaires publics, et inscrits aussitôt sur un tableau, suivant le nombre de voix qu'ils auront eues pour leur admission. En cas d'égalité de suffrages pour deux ou plusieurs aspirans, ils seront inscrits sur le tableau à raison de leur temps d'étude ou d'exercice , et en cas d'égalité de temps, à raison de leur âge.

X I.

Ce tableau sera continué chaque année, de la même manière. Il restera affiché dans la principale salle de l'administration du département, et sera envoyé par le procureur-général-syndic à tous les tribunaux du ressort , pour y être pareillement affiché.

XII.

Jusqu'à leur placement effectif, les sujets ainsi élus continueront sans interruption dans le département, savoir : les clercs, leurs études chez les notaires; et les autres, leurs fonctions de juges ou d'hommes de loi.

XIII.

En cas de décès ou de démission, les sujets inscrits sur le tableau des admis auront droit à la place vacante, suivant la priorité de leur rang et la date d'inscription.

Néanmoins les juges et les hommes de loi ne pourront prétendre aux places vacantes dans les résidences qui entraîneront un fonds de responsabilité de 15,000 livres et au-dessus, qu'autant qu'il ne se trouvera aucun clerc desdites résidences inscrits sur le tableau.

XIV.

En conséquence, lorsqu'une place

de notaire public deviendra vacante, la municipalité de la résidence en donnera avis au directoire du département, lequel sera tenu de faire aussitôt annoncer cette vacance par proclamation et affiches dans tout son ressort, avec réquisition aux sujets inscrits d'envoyer leur acceptation dans le délai de quinze jours au procureur-général-syndic.

XV.

Après ledit délai, le directoire conférera la place vacante au premier, par rang et date d'inscription, de ceux qui ayant droit de la requérir, auront donné leur acceptation; et ceux qui les précédaient dans l'ordre, mais qui se seront trouvés en retard de fournir ladite acceptation, ne pourront être admis à réclamation pour cette fois, sans néanmoins préjudicier à leurs droits pour l'avenir.

XVI.

Il sera remis au sujet ainsi nommé, un extrait du procès-verbal de sa nomination ; et avec cet extrait il se se pourvoira auprès du Roi, à l'effet d'obtenir une commission qui ne pourra lui être refusée, pourvu qu'il justifie préalablement du remboursement par lui fait à son prédécesseur ou héritiers, du montant de son fonds de responsabilité et de ses recouvremens, ou d'arrangemens pris à ce sujet.

XVII.

Après avoir obtenu la commission du roi, le sujet se présentera au tribunal dans le ressort duquel sa résidence se trouvera placée.

XVIII.

Sur la représentation de l'extrait de son inscription au tableau, de sa nomination et de la commission du roi, il sera admis à prêter le serment à l'audience publique, en rapportant aussi préalablement un certificat de sa continuation d'exercice ou d'étude depuis son inscription au tableau, et de ses vie et mœurs; lequel certificat sera donné, pour les juges et hommes de loi, par le président du tribunal dans lequel ils auront exercé leurs fonctions; pour les clercs, par les notaires chez lesquels ils auront travaillé.

X I X.

Dans le procès-verbal de ladite prestation de serment, le notaire public reçu consignera les signature et paraphe dont il entend se servir dans l'exercice de ses fonctions, et il ne pourra en employer d'autres, à peine de faux.

X X.

La formule du serment sera ainsi conçue : « Je jure sur mon honneur

« d'être fidèle à la constitution et
« aux lois du royaume, et de rem-
« plir mes fonctions avec exactitude
« et probité. »

TITRE V.

Remboursement des Notaires royaux.

ARTICLE PREMIER.

Attendu que l'évaluation des offices de notaires au ci-devant châtelet
de Paris, faite en exécution de l'édit
de 1771, est dans une dispropor-
tion immense avec la valeur effective desdits offices et accessoires,
et que beaucoup de titulaires sont
dans l'impossibilité de constater par
pièces authentiques le montant de
leurs acquisitions, il sera établi pour
le remboursement desdits notaires,
un prix commun sur le prix des acquisitions faites par les soixante-dix

derniers pourvus, tel qu'il se trouvera, établi par traités, quittances et autres actes authentiques.

II.

La masse de ces prix réunis divisés par leur nombre, donnera le prix de chacun des cent treize offices de notaires.

III.

Les titulaires des cent treize offices seront divisés en trois classes.

La première comprendra tous ceux qui ont été reçus antérieurement au 1er. juillet 1771.

La seconde, tous ceux qui ont été reçus depuis le 1er. juillet 1771 jusqu'au 1er. juillet 1781 exclusivement.

La troisième classe sera formée de tous ceux qui ont été reçus depuis le 1er. juillet 1781 jusqu'à présent.

IV.

Sur le prix moyen, il sera retranché aux divers titulaires , tant pour les recouvremens et meubles d'études confondus dans leurs acquisitions , qu'à cause de leur temps d'exercice ; savoir, un tiers aux titulaires de la première classe , un sixième aux titulaires de la deuxième classe , et un douzième aux titulaires de la troisième classe , excepté toutefois ceux reçus depuis le 1er. janvier 1785, lesquels ne supporteront aucune déduction.

V.

Ce qui restera du prix moyen pour les divers titulaires assujettis à une déduction, et la totalité pour ceux qui en sont affranchis, sera payée aux titulaires de chaque classe individuellement, tant à titre de remboursement qu'à titre d'indemnité, sans qu'ils puissent exercer aucune autre répétition , soit pour leurs offices , soit pour les taxes ou finances qu'ils ont pu fournir de leurs deniers, soit enfin pour les remboursemens qu'ils ont pu faire aussi de leurs deniers sur leurs emprunts collectifs.

VI.

Quant aux offices de notaires royaux des autres villes et départemens, ils seront distingués en deux classes :

1°. Ceux qui ont été évalués en exécution de l'édit de 1771 ;

2°. ceux qui n'ont pas été évalués.

VII.

Il sera donné aux titulaires des offices de la première classe, tant pour remboursement que pour indemnité, d'abord le montant de l'évaluation, sans aucune déduction, et ensuite le surplus du prix de leur acquisition constaté par actes authentiques, à la déduction du prix des recouvremens, s'il est spécifié dans le contrat ; et s'il n'est pas déterminé, la déduction sera la moitié de ce qui restera du prix total de l'acquisition, l'évaluation prélevée.

Si le contrat ne porte aucune vente de recouvremens, le prix de l'acquisition sera remboursé en totalité, à moins que l'évaluation ne soit inférieure au tiers de ce prix ; auquel cas il ne sera payé que le montant de l'évaluation, et deux tiers du prix porté au contrat.

VIII.

A l'égard des titulaires des offices de la deuxième classe, ils recevront la totalité du prix de leur acquisition établi par pièces authentiques, si le contrat ne porte aucune vente de recouvremens.

Mais, lorsqu'il y aura des recouvremens compris dans l'acquisition, le prix en sera aussi déduit s'il est spécifié dans le contrat; et s'il n'est pas déterminé , la déduction sera d'un sixième du prix total.

Et à défaut de preuves authentiques du prix des acquisitions, il ne sera payé à ces derniers titulaires , que le montant des finances versées dans le trésor public.

I X.

Les dispositions de la loi décrétée dans le mois de septembre 1790, et de l'article XXIV de la loi décrétée dans le mois de décembre suivant , relativement aux frais de provisions des officiers et aux dettes des compagnies , seront exécutées, tant pour les notaires au ci-devant châtelet de Paris, que pour les notaires des autres départemens.

X.

Les intérêts courront en faveur de chaque titulaire , à compter du jour de la remise des titres nécessaires pour sa liquidation.

XI.

Les fonds de responsabilité à fournir par les notaires royaux qui deviendront notaires publics, demeureront compensés jusqu'à due concurrence avec les remboursemens qui leur seront dus pour leurs offices et accessoires; et à ce moyen, les priviléges et hypothèques dont les offices pourraient être chargés, seront transférés aussi jusqu'à due concurrence, sur les fonds de responsabilité, pour n'avoir lieu néanmoins que subordonnément à la garantie des fonctions desd. notaires.

XII.

Les notaires dont le remboursement s'élèvera au-delà du fonds de responsabilité déterminé, ne recevront ce remboursement qu'en déclarant s'ils se font inscrire sur le tableau des notaires publics, ou s'ils renoncent à exercer cet état : dans le

premier

premier cas, ce fonds de responsabilité leur sera retenu sur la somme qui leur reviendra ; dans le second, toute la somme leur sera remboursée.

XIII.

Il pourra au surplus leur être délivré des reconnaissances applicables au paiement de domaines nationaux, dans la proportion et suivant les formes réglées pour d'autres officiers par les précédens décrets, lesquels décrets leur deviendront communs.

XIV.

Ceux des notaires dont le remboursement sera inférieur au fonds de responsabilité, recevront un certificat du montant de leur liquidation, et seront tenus de compléter ledit fonds de responsabilité un mois après, entre les mains du receveur du district de leur résidence ; faute de quoi ils cesseront toute fonction, à peine de faux et de nullité.

Tome I. C

XV.

Les anciens notaires appelés en troisième ordre à occuper, dans le prochain établissèment, des places de notaires publics, et qui n'ont aucun remboursement à recevoir, seront, sous la même peine, tenus de fournir leurs fonds de responsabilité dans un mois après leur inscription sur le tableau des notaires publics.

XVI.

Tous les notaires publics seront tenus de constater au commissaire du roi du tribunal de leur résidence, qu'ils ont exécuté les dispositions contenues dans les articles XIV et XV du présent titre.

ARTICLES extraits de divers décrets et qui concernent particuliérement les notaires.

Décret concernant les notaires royaux des ci-devant greniers à sel.

Du 23 avril 1790, sanct. le 10 mai suiv.

ART. VI.

Les *notaires* et huissiers aux greniers à sel ne sont point compris dans les dispositions de l'article II (portant suppression de tous les officiers des greniers à sel ;) en conséquence, ces officiers continueront, comme par le passé, les fonctions qu'ils exerçaient en concurrence avec les autres notaires et huissiers, et ce, jusqu'à ce qu'il y ait été autrement pourvu.

Décret concernant les fonctions des ci-devant jurés-priseurs.

Du 21 juillet 1790, sanctionné le 26.

ARTICLE PREMIER.

Les *notaires*, greffiers, huissiers et sergens, sont autorisés à faire les ventes de meubles, dans tous les lieux où elles étaient ci-devant faites par les jurés-priseurs.

III.

Il ne pourra être perçu par lesdits officiers que 2 sous 6 den. du rôle de grosse des procès-verbaux, 2 s. 6 d. pour enregistrement d'une opposition, et 1 l. 10 s. par vacation de prisée, conformément à l'article V de l'édit de février 1771, et ce, sans préjudice des conventions particulières qui pourront modifier ou abonner ces droits.

*Décret concernant les inventaires,
comptes et partages.*

Du 29 janvier 1791, sanctionné le 11
février suivant.

ARTICLE PREMIER.

S'il y a lieu de faire des inventaires, comptes, partages et liquidations, dans lesquels se trouveront intéressés des absens qui ne soient défendus par aucun fondé de procuration, la partie la plus diligente s'adressera au tribunal de district, lequel commettra, d'office, *un notaire*, qui procédera à la confection desdits actes.

Décret concernant l'estimation et l'aliénation des domaines nationaux.

Du 9 juillet 1790 , sanctionné le 25.

Art. XX.

Tout notaire, tabellion , garde-note, greffier ou autre dépositaire public , qui , en étant requis, refusera de communiquer un bail de biens nationaux , existant en sa possession ou sous sa garde , sera , à la poursuite et diligence du procureur-syndic du district, condamné par le juge ordinaire, à une amende de 25 livres ; cette amende sera doublée en cas de récidive.

XXI.

Il sera payé au notaire, tabellion , garde-note ou autre dépositaire, pour la simple communication d'un

bail, 10 s., et 10 s. en sus lorsqu'on
en tirera des notes ou des extraits,
sauf à suivre, pour les expéditions
en forme qu'on voudra se faire délivrer, le taux réglé par l'usage, ou
convenu de gré à gré.

———

C iv

Décret concernant l'administration des domaines nationaux non vendus.

Du 23 octobre 1790, sanctionné le 5 novembre suivant.

Le ministère *des notaires* ne sera nullement nécessaire pour la passation desdits baux, (ceux de domaines nationaux adjugés par les corps administratifs,) ni pour tous les autres actes d'administration. Ces actes, ainsi que les baux, seront sujets au contrôle, et ils emporteront hypothèque et exécution parée. La minute sera signée par les parties qui sauront signer, et par les membres présens du directoire , ainsi que par le secrétaire qui signera seul l'expédition. (Article 14 du titre II.

Décret concernant les patentes.

Du 2 mars 1791, sanctionné le 17.

ART. XXII.

Aucun particulier assujetti à prendre une patente, ne pourra former de demande en justice pour raison de son négoce, profession, art ou métier, ni faire valoir aucun acte qui s'y rapporte, par forme ou pour moyen d'exception et défense; ou enfin passer aucun acte, traité ou transaction en forme authentique qui y soit relative, s'il ne produit sa patente en original ou en expédition, et il en sera fait mention en tête de l'acte ou exploit.

Tout huissier et *notaire* qui contreviendra à cette disposition, sera condamné à 5o liv. d'amende pour chaque contravention, et en cas de récidive, à 5oo liv.

*Décret contenant diverses disposi-
tions additionnelles à l'ordre
judiciaire.*

Du 6 mars 1791, sanctionné le 27.

ART. V.

Les greffiers des tribunaux de
district et de commerce, ne pourront être en même temps *notaires.*

X.

La confection des inventaires, les
procès-verbaux de description et de
carence à l'ouverture des successions, n'appartiendra point aux juges
de paix, mais *aux notaires*, même
dans les lieux où elle était attribuée
aux juges et aux greffiers.

XXVII.

Les fonctions de *notaire* et de
défenseur officieux, sont interdites

aux juges et aux commissaires du Roi, même hors de leur tribunal.

Nota. On avait proposé aussi de déclarer les fonctions de notaire incompatibles avec celles de juge et de greffier de paix ; mais cette proposition a été rejetée, ainsi qu'on peut le voir au procès-verbal.

———

Décret portant défense d'employer dans les actes, aucune des anciennes qualifications supprimées.

Du 27 septembre 1791, sanct. le 16.

ART. IV.

Les notaires, et tous autres fonctionnaires et officiers publics, ne pourront recevoir des actes où ces qualifications et titres supprimés seraient contenus ou énoncés, à peine d'interdiction absolue de leurs fonctions, et leur contravention pourra être dénoncée par tout citoyen.

V.

Seront également destitués pour toujours de leurs fonctions, *tous notaires*, fonctionnaires et officiers publics, qui auraient prêté leur ministère à établir les preuves de

ce qu'on appelait ci-devant noblesse;
et les particuliers contre lesquels il
serait prouvé qu'ils ont donné des
certificats tendans à cette fin, seront
condamnés à une amende égale à six
fois la valeur de la contribution
mobiliaire, et à être rayés du tableau
civique; ils seront déclarés incapa-
bles d'occuper à l'avenir aucune
fonction publique.

Décret qui défend à tous notaires-séquestres , de délivrer aucune somme si l'on ne leur justifie du paiement des impositions.

Du 5 août 1791, sanctionné le 18.

L'assemblée nationale décrète que tous huissiers-priseurs , receveurs de consignations , commissaires aux saisies réelles, *notaires-séquestres ,* et tous autres dépositaires de deniers, ne remettront aux héritiers, créanciers , et autres personnes ayant droit de toucher les sommes séquestrées et déposées, qu'en justifiant du paiement des impositions mobiliaires et contributions publiques dues par les personnes du chef desquelles lesdites sommes seront provenues ; seront même autorisés en tant que de besoin , lesd. séquestres et dépositaires, à payer directement les impositions qui se trou-

veront dues , avant de procéder à
la délivrance des deniers , et les
quittances desdites contributions
leur seront passées en compte :
décrète en outre que les règlemens
ci-devant faits pour la sureté de
recouvremens des impositions personnelles , notamment dans la ville
de Paris , relativement aux déclarations que doivent faire les propriétaires et les principaux locataires ,
seront exécutés provisoirement et
tant qu'il n'y aura pas été dérogé.

Décret concernant les receveurs des consignations et commissaires aux saisies réelles.

Du 30 septembre 1791, sanctionné le 19 octobre suivant.

Art. V.

Les fonctions provisoires des préposés à la recette des deniers consignés, et à l'administration des biens saisis, seront incompatibles avec les fonctions de juge, d'avoué, de comptable, de greffier, de *notaire*, de membre de district et de département.

---

*Décret concernant la liquidation
des offices supprimés.*

Du 28 novembre 1790, sanctionné le 10
décembre suivant.

Art. X.

Les officiers liquidés donneront,
lors de la remise qui leur sera faite
de leur reconnaissance de liquidation, une quittance *devant notaires,* dont expéditions seront jointes
et annexées aux procès-verbaux de
leur liquidation.

Art. XI.

Les notaires de Paris, auxquels
les officiers liquidés s'adresseront
pour lesdites quittances, ne pourront percevoir pour tous droits
d'icelles, que les sommes qui sui-
vent, savoir :

Deux liv. pour tous les offices

dont le remboursement n'excédera pas 2,000 liv.

Trois liv. jusqu'à 5,000 liv.

Quatre liv. dix sous depuis 5,coo l. jusqu'à 20,000 liv.

Six liv. depuis 20,000 liv. jusqu'à 50,000 liv.

Neuf liv. depuis 50,000 liv. jusqu'à 100,000 liv.

Et 12 liv. depuis 100,000 liv. jusqu'à quelque somme que ce soit. Si la quittance était collectivement donnée par plusieurs officiers de la même compagnie, il ne sera perçu qu'un seul droit réglé par la somme totale du remboursement commun. Mais il sera payé au-delà de cette somme, 10 sous pour chaque partie comparante dans l'acte, à raison de l'établissement des qualités, non compris le papier.

Art. XII.

Lesdites quittances seront don-

nées sur papier à un seul timbre ,
et ne pourront être assujetties au
contrôle.

ART. XIII.

Le contrôle des expéditions , délivrées par les notaires des provin-
ces , ou rédimées par eux , des titres ,
quittances de finance , provisions,
ou autres nécessaires aux titulaires d'offices pour parvenir à leur
liquidation , sera invariablement
fixé pour tous droits, à 15 s.

ART. XIV.

Lesdites expéditions seront payées
aux notaires qui les auront faites ,
à raison de 10 sous par rôle d'expédition ordinaire, sans qu'ils puissent , sous aucun prétexte , exiger
de plus grands droits.

———

Décret concernant la liquidation des dettes contractées par les corps et communautés supprimées.

Du 13 avril 1791, sanctionné le 27.

Art. IX.

Pour obtenir leur reconnaissance de liquidation définitive, les créanciers seront tenus de donner, par eux ou leurs fondés de procuration, quittance du montant de leurs créances, à la décharge de l'état, entre les mains du commissaire du roi, et *par-devant des notaires de Paris.*

Art. XI.

Les notaires et les conservateurs des oppositions sur les finances de l'état, ne pourront prendre, pour les actes nécessaires à la liquidation des créances mentionnées au présent décret, que les taxations fixées par les précédens décrets, pour la liquidation des offices de judicature.

Décret concernant la liquidation des dettes des corps et compagnies supprimés.

Du 21 septembre 1791, sanctionné le 14 octobre suivant.

Art. II du tit. II.

Les notaires ne pourront percevoir pour lesdites quittances, (celles de remboursemens,) que les mêmes sommes qui ont été fixées pour les quittances de remboursement d'offices, par l'article IX du décret du 29 novembre 1790.

Décret concernant l'ancien timbre.

Du 11 janvier 1791, sanct. le 19.

ARTICLE UNIQUE.

L'assemblée nationale décrète qu'à compter du 1er février et jusqu'au 1er avril prochain (1791,) *les notaires de Paris* pourront employer du papier timbré tel qu'il est maintenant en usage dans le reste du royaume.

Décret concernant la clôture des registres et répertoires des notaires, écrits sur l'ancien papier timbré.

Du 20 janvier 1791, sanctionné le 23.

ARTICLE PREMIER.

Tous les préposés à la perception des droits de la régie des domaines et contrôles, feront clorre et arrêter, le 31 de ce mois, (janvier 1791,) leurs registres ; savoir : dans les villes où sont établis les tribunaux de district, par l'un des officiers desdits siéges, et dans les autres villes ou communautés, par le juge de paix du canton, ou par ses assesseurs, ou, à leur défaut, par les officiers municipaux ; et néanmoins, pour les actes antérieurs et authentiques, il ne sera perçu que le droit ancien.

II.

II.

Le même jour, *les notaires et tabellions* feront arrêter leurs répertoires par les mêmes officiers; et les préposés à la perception des droits pourront se faire représenter ces répertoires pour s'assurer de l'exécution de cette disposition.

Décrets relatifs au nouveau timbre.

Décret primitif.

Du 7 Février 1791 , sanct. le 18.

ARTICLE PREMIER.

1. A compter du premier avril prochain, la formule sera abolie, les timbres maintenant en usage seront supprimés, les papiers ou parchemins qui s'en trouveraient marqués, ne pourront être employés, qu'après avoir été contre-timbrés du timbre qui sera ci-après établi ; et il sera libre à tout particulier qui en serait pourvu, de les rapporter dans trois mois, à compter du jour de la publication du présent décret, à la régie qui lui en rendra le prix, ou de les faire contre-timbrer, en payant le supplément.

II.

A compter de la même époque, **2.**
et dans toute l'étendue du royaume,
la régie de la formalité de l'enregistrement fournira exclusivement
et au profit du trésor public, pour
tous les actes qui seront ci-après
indiqués, des papiers marqués de
nouveaux timbres, et dont les prix
seront déterminés par le tarif annexé
au présent décret.

III.

Seront écrits sur papier timbré,

1°. Toutes les minutes et expé- **3.**
ditions d'actes qui, soit en minute,
soit en expédition dans tous les cas,
ou dans quelques cas seulement,
sont soumis à la formalité de l'enregistrement, en vertu du décret
du 5 décembre dernier.

2°. Les minutes et copies signi- **4.**
fiées des jugemens des juges de paix,
et les minutes et les copies des ac-

tes de procédures et instruction des instances.

5. 3°. Les registres des municipalités pour tout ce qui concernera leurs affaires, et sera étranger aux fonctions publiques qui leur sont déléguées par les lois ; les registres des universités, facultés, colléges, hôpitaux, fabriques ; ceux des administrateurs, syndics, marguilliers, fabriciens, receveurs des droits et des revenus des villes et hôpitaux ; ceux des notaires, huissiers et autres officiers ministériels, greffiers et concierges des prisons et autres lieux de détention ; ceux des courtiers, agens de change et de toutes personnes ou corps revêtus d'un caractère public, et obligés, par les règlemens, à tenir des registres.

6. 4°. Les expéditions, extraits, copies certifiées de tous les registres mentionnés en la section précédente,

et qui seront délivrées à des particuliers, et en outre, les lettres et soumissions de Chancellerie, les expéditions, extraits ou copies de registres, procès-verbaux, délibérations
des corps administratifs et municipalités, ainsi que les certificats,
passe-ports, ou autres actes ou pièces formant titre à l'avantage ou à
la décharge de quelque particulier.

5°. Les quittances de rentes payées 7.
par le Trésor public, celles des droits
d'entrées et sorties du Royaume,
celles des droits et octrois des villes
et de toutes contributions indirectes ; les actions qui seront faites pour
des entreprises de commerce et de
banque ; les feuilles, reconnaissances ou quittances sur lesquelles seront payés les dividendes de semblables actions, même de celles qui
existent maintenant, tels que les
dividendes des actions de la Com-

pagnie des Indes, et de la caisse d'escompte.

8.   6°. Les registres prescrits par les lois aux négocians , marchands , artisans , fabricans , banquiers , commissionnaires et associés; ceux des entrepreneurs de travaux, fournitures et services publics ou particuliers , agens d'affaires , directeurs, régisseurs et syndics de colléges de créanciers , et tous registres qui peuvent être produits en justice.

9.   7°. Les lettres-de-change , même celles qui seraient tirées par seconde, troisième et duplicata ; billets à ordre ou au porteur , mandats , rescriptions, et généralement tous les écrits portant promesse ou mandement de payer des sommes déterminées , et qui circulent dans le commerce ; même les endossemens et acceptations de pareils effets, venant de l'étranger et payables en

France , lesquels seront présentés au timbre ou au visa dans la place de France où ils devront recevoir le premier endossement ou l'acceptation , et seront chargés seulement de la moitié du droit imposé sur les effets de même valeur faits en France. Les endossemens de lettres-de-change , mandemens de payer , venant de l'étranger , payables chez l'étranger , ne seront pas assujettis à être écrits sur papier timbré ou visé.

Les actes et expéditions du corps législatif seront exempts du timbre. 10.

I V

Les lettres de voiture sous seing privé , les comptes des fabricans , négocians et banquiers entre eux ; les factures ou lettres qui en tiendront lieu , des fabricans , marchands , commissionnaires et autres , les mémoires d'ouvriers , de marchands ; 11.

fournisseurs, et entrepreneurs, les extraits de livres, ou de correspondance, seront assujettis au timbre ou au visa, dans les cas seulement où ils serviront de titre à quelque demande ou action en justice, ou seront produits par forme ou, pour moyen d'exception ou autrement.

V.

12. Il sera libre d'user pour tout acte, registre, pièce ou écriture, assujetti au timbre, de papier de telle dimension que l'on voudra. En conséquence les bureaux de la régie seront pourvus de papiers de divers formats, dont les prix seront déterminés par le tarif.

13. Les papiers destinés à des lettres-de-change ou autres mandemens de payer, aux quittances comptables et autres fournies pour rentes payées par le trésor public, aux quittances des droits d'entrées des octrois

des villes et autres contributions indirectes, seront d'un format convenable à leur destination, et marqués de timbres particuliers, dont les prix seront fixés par le tarif.

14. Les papiers destinés aux expéditions de tous les actes civils passés en forme authentique, à celle des jugemens des tribunaux et autres actes expédiés en brevets, seront aussi marqués de timbres particuliers, et seront payés au double des papiers de pareil format destinés à des minutes ou à des actes sous seing privé.

Les papiers que distribuera la régie, porteront un filigrane particulier qui sera imprimé dans la pâte même, à la fabrication.

V I.

15. Les particuliers qui voudront se servir de parchemin ou d'un autre papier que celui de la régie, pour-

ront le faire timbrer avant de s'en servir. Il y sera apposé un timbre extraordinaire, relatif à la classe et à la nature des actes auxquels ce papier ou parchemin sera destiné. Il sera payé pour le timbre extraordinaire le même prix que pour le papier de la régie de même destination et de même mesure; si les papiers, présentés au timbre, sont de dimensions différentes de celle de la régie, le timbre en sera payé au prix du format supérieur.

Si les papiers présentés au timbre excèdent le plus grand papier de la régie, le prix du timbre sera de 20 s. à moins qu'ils ne soient destinés pour expéditions; et en ce cas, le prix sera du double.

VII.

16. Les papiers employés à des expéditions ne pourront contenir, compensation faite d'une feuille à l'au-

tre, plus de 20 lignes par page de petit papier.

Plus de 27 lignes par page de papier moyen.

Plus de 30 lignes par page de grand papier.

Les expéditions seront écrites sans abréviations.

VIII.

17. Les timbres ordinaires porteront en légende le prix du papier auquel ils seront appliqués, et le nom du département pour lequel ils seront destinés; tous les actes, expéditions et registres, seront assujettis au timbre du département, à l'exception néanmoins des lettres-de-change, billets à ordre et autres actes sous signature privée, pour lesquels on pourra employer des papiers timbrés de quelque département que ce soit.

I X.

18. Le papier ou parchemin timbré

qui aura été employé pour minute ou expédition, ne pourra plus servir, même quand ces minutes ou expéditions n'auraient été que commencées.

19.   L'empreinte du timbre ne pourra être couverte d'écriture ni altérée.

20.   Il ne pourra être fait ni expédié deux actes à la suite l'un de l'autre, sur la même feuille, nonobstant tout usage ou règlement contraire, à l'exception des actes de ratification de ceux passés en l'absence des parties, des quittances de prix de vente et droits casuels, des quittances de directions de colléges de créanciers, des quittances de remboursement de contrats de constitution ou obligation, des inventaires, procès-verbaux et autres actes qui ne peuvent être consommés dans un seul jour et dans la même vacation.

21.   Les huissiers ne pourront mettre

deux significations ou exploits d'as-
signation et autres actes sur une
même feuille de papier timbré ; cependant ils pourront donner des copies de pièces en tête de leurs exploits, et écrire sur les expéditions
des sentences, l'original de leur exploit de signification.

X.

Les expéditions des actes civils et   22.
judiciaires qui seront délivrées, à
compter du premier avril prochain,
dans les lieux où la formule n'était
pas établie, ne pourront être faites
que sur papier timbré.

X I.

Les personnes, corps ou commu-   23
nautés dont les registres sont assujettis au timbre par le présent décret, seront tenus, dans les trois
mois qui suivront sa publication, de
faire timbrer à l'extraordinaire, ou

marquer d'un visa toutes les feuilles qui, à l'époque de cette publication, n'auront pas servi.

24. Sont exceptés de cette disposition les registres de naissances, morts et mariages de la présente année.

X I I.

25. Moyennant le paiement du droit de timbre et des amendes qui seront ci-après déterminées, selon les cas, tout acte, écrit ou expédition, assujetti à être fait sur papier timbré, et qui ne le serait pas ou le serait sur papier marqué d'un timbre différent de celui qui lui est propre, pourra être marqué à l'extraordinaire ou visé.

X I I I.

26. Tout officier, fonctionnaire public, qui, dans la minute, ou expédition de quelque acte civil ou judiciaire, aura commis une contravention au présent décret, sera respon-

sable des dommages-intérêts des parties, et, en outre, condamné à une amende de 100 liv. pour la première fois, et de 300 liv. en cas de récidive.

Sont exceptées de la présente dis- 27.
position, les contraventions à l'article VII, pour chacune desquelles il ne sera prononcé qu'une amende de 30 liv.

X I V.

Tout particulier qui ne se sera 28.
pas servi de papier timbré pour les actes privés, registres, pièces et écritures qui y sont assujettis, et autres que les lettres-de-change et mandemens de payer dont il sera fait mention dans l'article suivant, sera condamné en 30 liv. d'amende, et sera tenu d'acquitter cette amende, de faire timbrer ou viser ces pièces, actes ou écritures, et de payer le droit de timbre avant de

pouvoir en faire usage en justice, à peine de nullité de toute procédure, et de tout jugement et exécution qui pourraient avoir lieu en conséquence.

X V.

29. Les porteurs de lettres-de-change, et autres mandemens de payer, non marqués du timbre auquel ils sont assujettis, ne pourront les endosser qu'après les avoir fait timbrer à l'extraordinaire ou viser.

30. Les tireurs, endosseurs et accepteurs de lettres-de-change et mandemens de payer, faits en France et non timbrés du timbre auquel ils sont assujettis, les endosseurs et accepteurs de pareils effets venant de l'étranger, seront condamnés solidairement au paiement du droit, et à l'amende du dixième du montant de ces effets.

31. Le droit de timbre et moitié de l'amende du dixième, seront suppor-

tés, pour les effets tirés de France, par le tireur; le surplus de l'amende, par l'accepteur et les endosseurs domiciliés en France; et pour ceux tirés de l'étranger, le droit et moitié de l'amende par le premier porteur domicilié en France, qui aura endossé ou accepté; le surplus de l'amende par les accepteurs et endosseurs domiciliés en France. Les effets non timbrés ne pourront être reçus à l'enregistrement, à peine de 5o liv. d'amende contre les receveurs du droit d'enregistrement, ni produits en justice, à peine de nullité de toute procédure et de tout jugement et exécution qui pourraient avoir lieu en conséquence.

Les porteurs de pareils effets, qui les feront timbrer à l'extraordinaire ou viser, feront l'avance du droit et de l'amende, et auront leur recours contre les tireurs, accepteurs ou endosseurs solidairement.

Si cependant une première acceptée et non timbrée, ne portait aucun endossement, le porteur serait dispensé de faire l'avance de l'amende, et l'accepteur pourrait être seul poursuivi pour la payer.

X V I.

32. Les préposés de la régie ne pourront, à peine de 50 liv. d'amende, admettre à l'enregistrement, des expéditions d'actes judiciaires, si elles ne sont dans les formes réglées par le présent décret.

33. Ils ne pourront, sous la même peine, admettre à l'enregistrement aucun exploit, signification et autre acte de poursuite, faits en exécution d'expéditions délivrées par les notaires, si ces expéditions ne sont représentées et ne sont dans les formes prescrites.

Ils ne pourront, sous même peine, enregistrer aucun des actes, pièces ou écritures soumis au timbre, s'il n'est timbré du timbre auquel il est assujetti, et s'il y a plusieurs actes et écrits sur une même feuille, ou que cette feuille ait déja servi.

Ils ne pourront enfin, et sous les mêmes peines, admettre à la formalité de l'enregistrement, les protêts de lettres-de-change et de mandemens de payer, que sur la représentation de ces effets en bonne forme.

X V I I.

Aucun huissier ni officier, servant près des tribunaux, ne pourra faire significations, poursuites et exécutions, en vertu d'expéditions informes, tant d'actes civils que d'actes judiciaires, ni protêts, exploits ou significations pour raison d'effets, actes, titres, pièces, écritures, sous signature privée, assujettis au timbre, et qui ne seraient pas marqués de celui auquel ils sont assujettis ; et, en cas de contravention, il sera condamné en 5o liv. d'amende pour la première fois, 5oo liv. d'amende pour la seconde ; et en cas de seconde récidive dans la même année, à compter de la première contravention, à cinq cents livres·d'amende, et à l'interdiction pour un an. Il sera tenu, en outre, des dommages-intérêts des parties pour raison des nullités prononcées par les articles précédens.

X V I I I.

35.   Aucun juge ou officier public ne pourra coter et parapher les registres assujettis au timbre par le présent décret, si les feuilles n'en sont timbrées, et ce à peine de cinq cents livres d'amende pour chaque contravention, et de mille livres et interdiction pour un an, en cas de récidive.

X I X.

Les juges n'auront aucun égard 36.
aux effets de commerce, actes,
pièces, articles, regi‑tres et extraits
d'iceux soumis au timbre par les articles précédens, s'ils ne sont écrits
sur papier marqué du timbre auquel ils sont assujettis ; ils ne pourront rendre de jugement sur ces
actes, à peine de nullité de leurs
jugemens, de toutes poursuites et
significations faites en conséquence.
Les commissaires du roi près des
tribunaux, veilleront à l'exécution
du présent décret.

X X.

Sont exceptées des dispositions 37.
du présent décret, les quittances
sous signature privée entre particuliers, pour créances de 25 liv. et
au-dessous, lesquelles pourront être
sur papier non-timbré.

Il pourra être donné plusieurs 38.

quittances sur une même feuille de papier timbré pour à-compte d'une seule et même créance, ou d'un seul terme de fermage ou loyer.

39.   Les quittances au-dessus de 25 l. qui seront données sur une même feuille de papier timbré, n'auront pas plus d'effet que si elles étaient sur papier libre ; et les particuliers qui voudraient faire usage desdites quittances, seront assujettis aux mêmes peines que pour les actes écrits sur papier non-timbré.

40.   Sont pareillement exceptées les copies des pièces de procédure criminelle, qui, aux termes de l'article XIV des décrets des 8 et 9 octobre, doivent être délivrées sans frais.

X X I.

41.   La régie fera déposer aux greffes des tribunaux de district, des papiers marqués du filigrane qu'elle

aura jugé convenable, et des empreintes des timbres qui seront mis
en usage ; elle fera déposer de plus
dans les greffes des tribunaux de
commerce, des empreintes des timbres destinés pour registres de commerce, lettres-de-change et autres
mandemens de payer.

X X I I.

Jusques au premier avril pro-   42.
chain, les notaires de Paris pourront employer du papier timbré,
tel qu'il est maintenant en usage
dans le reste du royaume.

X X I I I.

L'assemblée nationale charge ses   43.
comités de constitution, de juris-
prudence criminelle, et des contributions publiques, de rédiger un
projet de décret concernant les peines à infliger aux contrefacteurs de
timbres et papiers, et à ceux qui
feraient commerce de papier tim-

bré, sans y avoir été autorisés par la régie.

X X I V.

44. Le Roi nommera deux nouveaux commissaires pour concourir avec les huit déja nommés, ou qui doivent l'être en vertu du décret du 5 décembre dernier, à l'administration, régie et perception des taxes établies par ce décret, et par le présent, ainsi que des droits des hypothèques.

45. Ces dix commissaires seront aussi chargés provisoirement de l'administration des domaines corporels.

46. En conséquence, l'ancienne administration des domaines sera supprimée, à compter du 10 du présent mois, et il sera incessamment proposé par le comité des finances, un projet de décret sur la forme dans laquelle les administrateurs rendront leurs comptes, et seront remboursés.

XXV.

X X V.

Le présent décret sera porté dans
le jour à l'acceptation du roi.

T A R I F.

La feuille de petit papier de 9   47.
pouces sur 14, feuille ouverte, 4 s.

Demi-feuille de même format,   48.
2 s. 6 d.

Feuille de papier moyen de 11   49.
pouces sur 16, 6 s.

Feuille de grand papier de 14   5o.
pouces sur 17, 8 s.

Grand registre de 17 pouces sur   5r.
21, 10 sous.

Le très-grand registre de 21 pou-   52.
ces sur 27, 15 s.

Papiers pour lettres-de-change,   53.
et autres mandemens de payer, et
quittances comptables, et des rentes sur le trésor public de 400 liv.
et au-dessous, 5 sous.

De 400 à 800 liv. inclusivement,
10 sous.

Tome I.   E

De 800 à 1,200 livres inclusivement, 15 sous.

Au-dessus de 1,200 liv. indéfiniment, 1 liv.

54. Papier d'expédition, le double du prix du papier de minute du même format.

Quittances des droits d'entrées et d'octrois des villes et contributions indirectes, 1 s. 6 d.

Décret additionnel.

Du 10 mai 1791, sanctionné le 25.

L'assemblée nationale décrète ce qui suit :

55. Les billets de 25 l. et au-dessous, souscrits par des particuliers, échangeables à vue et au pair contre des assignats ou de la monnaie de cuivre, à la volonté du porteur, seront exempts du droit de timbre.

Autre Décret additionnel.

Du 10 juin 1791, sanctionné le 17.

A r t i c l e p r e m i e r.

Les registres et minutes des tri-   56.
bunaux, ceux des greffes des juges
de paix, les minutes des jugemens
et actes judiciaires des juges de
paix ; les registres et actes des accusateurs publics et commissaires
du roi près des tribunaux, ne seront pas timbrés.

I I.

Les registres de la caisse de l'ex-   57.
traordinaire, des trésoriers de districts, ceux des receveurs des contributions publiques, diréctes ou indirectes, ne seront pas non plus assujettis au timbre.

I I I.

Lorsque les délibérations des   58.

corps administratifs et municipaux, formant titre à l'avantage ou à la décharge de quelque particulier, seront inscrites en marge des mémoires, requêtes ou pétitions des particuliers, elles seront timbrées ou visées à l'extraordinaire, dans le lieu de la séance du corps administratif ou municipal qui devra en faire la remise audit particulier. Les procureurs-syndics et les procureurs des communes tiendront la main à l'exécution du présent article.

I V.

59.   Les actes des corps administratifs, qui n'auront pas pour objet des intérêts particuliers, ne seront pas assujettis au timbre.

V.

60.   Les avertissemens, commandemens et saisies relatifs au recouvrement des impositions de l'année 1790, et autres antérieures, ne se-

ront point assujettis au timbre ; ils ne le seront pas non plus au droit d'enregistrement.

V I.

Les secondes et subséquentes expéditions des procès-verbaux d'adjudications des biens nationaux, les obligations et annuités fournies par les adjudicataires, à raison des adjudications, les minutes et expéditions des actes de vente, revente, cession et rétrocession de ces biens, seront sujettes au timbre.

61.

V I I.

Les congés et cartouches délivrés aux soldats et gens de mer, les billets de subsistance donnés aux soldats en route, les billets d'hôpitaux, ne seront point assujettis au timbre.

62.

V I I I.

Les patentes et les certificats à délivrer par les municipalités pour

63.

l'acquit du droit de patentes, seront écrits sur papier timbré ; et le timbre sera payé par les particuliers qui auront obtenu des patentes.

IX.

64. Le timbre des quittances qui seront données par des particuliers à des particuliers, sera à la charge de ceux à qui les quittances seront délivrées.

X.

65. Les quittances qui seront délivrées par les trésoriers de district aux collecteurs des contributions publiques, celles qui pourraient être délivrées par les collecteurs des contributions directes, ne seront pas assujetties au timbre.

XI.

66. La solidarité des peines portées par l'article XV du décret du timbre, contre ceux qui auront endossé des lettres-de-change et mandemens.

de payer, postérieurement au 1ᵉʳ.
avril dernier, sans les avoir fait
préalablement timbrer à l'extraordinaire, ne sera prononcée que contre les endosseurs qui auront endossé lesdits effets postérieurement
au 15 avril.

Troisième Décret additionnel.

Du 29 sept. 1791 : sanct. le 9 oct. suiv.

Les registres ou minutes sur les- 67.
quels les greffiers de tous les tribunaux porteront les adjudications,
les cautionnemens, les affirmations
de voyages, les présentations et les
défauts, les enregistremens et pu-
blications des testamens, donations,
substitutions, les extraits des contrats, déposés à l'effet d'obtenir des
lettres de ratification, seront assujettis au timbre.

Les minutes des procès-verbaux 68.

d'apposition et levée de scellés, d'inventaire, d'émancipation, de tutelle et curatelle, seront assujettis au timbre.

69. Chacun des quatre-vingt-trois directeurs de l'enregistrement, domaines et droits réunis, sera tenu de demeurer dans la ville chef-lieu du département.

Table alphabétique

Des diverses dispositions contenues dans les décrets sur le timbre.*

A

Abréviations, 16

Acceptations, 9

Accepteurs amendables, 30 31

Accusateurs publics, 56

Actes authentiques et en brevet, 14

Actes civils, 17, 26, 28, 32, 36, 34, 39, 56, 59

Actes ne seront expédiés à la suite l'un de l'autre, 20, 21, 32

Actes faits en plusieurs vacations, 20

Actes en contravention, 26

Actes non timbrés, 25, 28

Actes des juges de paix, 4, 56, 68

* Pour faciliter l'indication des matières, on a établi un seul ordre de numéros pour les quatre décrets successifs.

Actes exempts du timbre, 9, 10, 24, 25, 37, 40, 55, 56, 57, 59, 60, 62, 65

Actions, 7

Adjudications, (procès-verbaux d') 61, 67

Administrations, (actes d') 6, 44, 45, 46, 58, 59

Administrateurs, (registre des) 5

Affaires, (registres d') 8

Affirmation, (registres d'affirmations de voyages) 67

Agens d'affaires, (registres d') 8

Agens de change, (registre d') 5

Amendes, 25, 26, 27, 28, 30, 31, 32, 34, 35, 66

Par qui et comment elles seront supportées lorsqu'il y aura plusieurs contrevenans, 31, 66

Annuités, 61

Artisans, (registre d') 8

Assignats, (échange d') 55

Associés, (registre d') 8

Avertissemens de payer, 60

Authentiques, (expéditions d'actes)   14

B

Banque, (actions de)   7
Banquiers, (registre de)   8
Comptes de banquiers,   11
Billets à ordre ou au porteur, 9,
17, 67
Billets de 25 liv.   55
Billets échangeables,   ib.
Billets d'hôpitaux aux soldats, 62
Billets de subsistance de soldats,
62
Brevets (actes en)   14
Bureaux : seront pourvus de tous
papiers,   12

C

Caisse d'escompte, (actions de la)7
Caisse de l'extraordinaire, (regis-
tres de la)   57
Caractère public,   5
Cartouches des militaires,   62
Casuels (droits),   20

Cautionnemens (registre de), 67

Certificats, 6

  Certificats pour les patentes, 62

Cession, 67

Chancellerie (lettres et commissions de), 6

Collecteurs, 65

Colléges, leurs registres, 5

  Collége de créanciers (quittances du), . 20

Commandemens de payer, 60

Commerce (actions de), 7

  Effets de commerce, 9, 36

  Registres de commerce, 51

Commerçans de papier, 43

Commissaires du roi, 36, 44, 45, 56

Commissionnaires (registre de), 8

Commissions de chancellerie, 6

Communautés (anciens registres des), 23

Compagnies des Indes (actions de la), 7

Comptes, 11

Concierges des prisons, leurs registres, 5

Congés des militaires, 61

Constitution de rente (remboursement de), 20

Contrat de constitution (quittance
de remboursement de), 20

Contravention, 26, 27, 28, 29,
30, 34, 35

Contrefactions de papier timbré, 43

Contribution indirecte (quittance
de), 7, 13

Copies signifiées des jugemens des
juges de paix, 4

Copies des actes de procédure et
instruction des instances, 4

Copies de pièces, 21

Copies certifiées de registres, 6

Corps (tout) revêtu d'un caractère
public, doit faire timbrer ses registres, 5

Corps administratifs (actes des),
6, 59

Corps administratifs et municipaux (délibérations des), 58

Corps législatif (actes et expéditions du), 9

Correspondances (extraits de), 11

Cote de registre, 35

Courtiers (registres de), 5

Créances de 25 liv. 37

Créances ordinaires, 38

Créanciers unis (registres des), 8

Leurs quittances, 20

Criminelles (procédures), 40

Curatelles, 68

D

Débiteurs, paieront le timbre des quittances, 68

Défauts (registres des), 67

Délibérations, 6

Délibérations des corps administratifs et municipaux, 57

Demi-feuille (prix de la), 48

Département. Son nom dans le timbre, 17

Dépôts au greffe, 41, 68

Dimension du papier, 12, 43

Directeurs des créanciers (registres de),   8

Directions (quittances de)   20

Dividendes d'actions,   7

Domaines temporels,   44

    Ancienne administration des domaines,   46

Dommages et intérêts des parties,   26

Donations,   67

Droits des villes (quittances des), 7

    Droits d'entrée,   13

    Droits des hypothèques,   44

E

Echange de papier monnaie,   55,

Ecritures assujetties au timbre,   12, 28, 34, 36

Ecriture, ne sera faite sur le timbre,   19

Effets de commerce,   9, 34, 36, 66

    Effets non timbrés ne seront reçus à l'enregistrement,   31

Emancipations,   68

Empreinte du timbre restera en évidence,   19

Endossemens,   9, 29, 30, 31

Endosseurs,   30, 31, 66

Enregistrement,   60

On n'y recevra point les effets non timbrés,   31, 32, 33, 34

Entrée (quittance de droit d') 7, 13

Entrepreneurs (registres d'),   8

Leurs mémoires,   11

Entreprises de commerce et de banque (actions pour),   7

Étranger (effets sur l'),   9

Exécutions (actes d')   34

Exemption du timbre, 9, 10, 24, 25, 37, 40, 55, 56, 57, 60, 62, 65

Expéditions ordinaires, 3, 6, 17, 18, 22, 26, 32, 34, 60

Expéditions exemptes,   10

Expéditions d'actes authentiques,   14

Expédition des jugemens,   14

Expédition (timbre du papierd'),   15
Expéditions seront séparées, 20,   21
Expédition non timbrée,   25
Expéditions informes,   34
Expédition (prix du timbre du papier d'),   54
Expéditions (secondes et subséquentes),   61
Exploits,   20, 32, 34
Extraits,   6, 11, 36

F.

Fabricans (registres de),   8
Leurs comptes,   11
Fabriques, leurs registres,   5
Factures,   11
Facultés, (registres des)   5
Fermage (quittance de),   39
Feuilles d'actions,   7
Feuille de papier timbré, 38, 39
Feuille de papier (prix de la),   48, 50
Feuilles d'anciens registres qui

n'ont pas servi, 23
Feuilles de registres seront tim-
brées, 35
Filigrane particulier, 14, 41
Fonctionnaire public en contraven-
tion, 26
Format du papier, 12, 13, 14, 15
Fournisseurs (mémoires de), 11
Fournitures (registres de), 8

G.

Gens de mer (congés et cartouches
des), 62
Grand papier de minute et d'expé-
dition, 16, 50, 54
Grand registre (prix de la feuille),
51, 52
Greffes (minutes des), 41, 67
Greffes des juges de paix, 56, 68
Greffiers, 5, 67

H.

Huissiers, leurs registres, 5
Leurs actes, 21, 32, 33, 34
Hôpitaux (registres d'), 5
Hypothèques (droits d'), 44

I.

Impositions, (recouvrement d'),
60, 65

Indes (actions de la compagnie
des), 7

Instances, 4

Interdiction, 34, 35

Inventaires, 20, 68

Juge, ne cotera et paraphera que
des registres timbrés, 35

N'aura égard aux titres et actes
non timbrés, 36

Juges de paix, 4, 56, 68

Jugemens (expéditions des); 14, 36

Jugemens des juges de paix, 4, 56

Justice (actes produits en), 8, 11,
31

L

Légende du timbre, 17

Législatures (actes des) 9

Lettres, 11

Lettres de chancellerie, 5, 6

116 CODE DES NOTAIRES,

Lettres de change, 9, 13, 28,
29, 30, 33, 41, 65
Prix de leur timbre, . 53
Lettres de voiture, 11
Lignes que contiendra le papier d'ex-
pédition, 16, 27
Livres (extraits de) 11
Loyer (quittance de), 38

M

Marchands , 8
Registres de marchands, 11
Marguilliers , leurs registres, 5
Mariages (registres de mariage), 24
Mandats , 9
Mandemens de payer, 9, 13, 28,
29, 30, 33, 41, 53
Mémoires , 11, 57
Minutes d'actes ordinaires, 3, 18,
54
Minutes de contrats, 6
Minutes des jugemens et actes
des juges de paix, 4, 56, 68
Minutes des greffes, 67

Minutes des tribunaux, 56, 67

Monnaie de cuivre, 55

Morts (registres de), 24

Moyen papier d'expédition, 16, 49

Municipalités (registres et actes des) . 5, 6

N

Naissance (registres de), 24

Négocians (registres de), 8

   Leurs comptes, 11

Notaires (registres des), 5

   Notaires de Paris, papier qu'ils emploient, 42

Nullité résultante du défaut de timbre, 28, 31, 32, 34, 36

O

Obligations, 60

   Obligation (quittances de remboursement d'), 20

Octrois des villes (quittances des), 7, 13

Officiers ministériels (registres des), 5

118 CODE DES NOTAIRES,

Officier public, en contravention, 26, 35

Ne cotera et paraphera les registres que quand ils seront timbrés, 35

Originaux d'exploits, 21

Ouvriers (mémoires d') 11

P

Papier d'ancien timbre, 1
Papier qui a servi, 18
Papier (dimension du), 12, 13,
14, 15, 41, 47 et suiv.
Papier d'expédition, 16, 54
Papier timbré en usage, 36, 41,
42, 43, 47 et suiv. 63, 64
Papier libre ou non timbré, 37,
39

Paraphe de registres, 35
Parchemin, 1, 15, 18
Particuliers, feront timbrer leurs
anciens registres, 23
Passe-ports, 6
Patentes, 63

Peines du défaut de timbre , 39, 66

Peines des contrefactions et des contrebandes du timbre ,   43

Percepteurs de contributions, 65

Perception de taxes ,   44

Personnes revêtues de caractère public ,   5

Petit papier ,   16, 47

Pétitions ,   58

Pièces assujetties au timbre , 28, 34, 36

Porteurs d'effets de commerce non timbrés ,   29, 31

Poursuites (actes de) , 32, 34, 36

Préposés à la régie : actes qu'ils ne pourront admettre à l'enregistrement ,   32, 33

Présentations (registres des) , 67

Prix du papier timbré , 2, 12, 13, 14, 15, 17, 47 et suiv.

Procédures (actes de) ,   4

Procédures criminelles ,   40

Procédure (nullité de) ,   28

Procès-verbaux ,   6, 20, 61, 68

120 CODE DES NOTAIRES,

Procureurs des communes, 58
   Procureurs-syndics, 58
Promesse de payer, 9
Protêts, 33, 34

Q

Quittances ordinaires, 7, 13, 37,
     38, 39, 54, 64, 65
   Quittances comptables (prix du
     timbre des), 53
   Quittances de directions, 20
   Quittances de remboursement,
     20
   Quittances de rentes (prix du
     timbre des), 53
   Quittances de vente et droits ca-
     suels, 20

R

Ratification (actes de) 20, 68
Receveurs des contributions (regis-
   tres des), 56
   Receveurs des hôtels de ville, 5
V. Trésoriers, 57, 65
Récidive, peine y attachée, 35
          Reconnaissances

Reconnaissances d'actions, 7

Recouvrement des impositions, 60

Régie, 2, 14, 15, 41, 43

Régisseurs des créanciers unis (registres des), 8

Registres ordinaires, leur forme, 5, 6, 17, 23, 24, 35, 36, 56, 57, 67

Registres de commerce, 41

Registres des tribunaux, 56, 67, 68

Registres (copies certifiées de) 6

Remboursemens (quittances de), 20

Rentes (quittances de), 7, 13

Requêtes, 57

Rescriptions, 9

Responsabilité des contrevenans, 26

Rétrocession, 61

Revente, 61

Royaume (quittances de droits d'entrée et sortie du), 7

S

Saisies, 60

Tome I. F

Scellés,   68

Secondes expéditions,   61

Services publics ou particuliers (registres de),   8

Significations,   20 , 32 , 34 , 36

Soldats, (billets, congés et cartouches des),   62

Solidarité de l'amende,   66

Sortie (quittance de droits de), 7

Soumissions de chancellerie,   6

Sous seing privé (actes), 11 , 14 , 17

Substitutions,   67

Syndics de créanciers (registres des),   5 , 8

T

Tarif du papier timbré, 47 et suiv.

Taxes à faire,   44

Terme de ferme ou de loyer (quittance de),   38

Testamens,   67

Timbre ordinaire, sa forme,   17

Timbres anciens,   1

Timbres déposés, 41
Timbre ne sera couvert ni altéré, 19
Timbres particuliers, 13, 14
Timbre préliminaire, 28, 29, 36
Timbre inutile, 25, 34
Timbre extraordinaire, sa for-
me, son prix, 15, 23, 25,
29, 31, 58, 66
Tireurs, 30, 31
Titres, (actes qui en serviront en
justice, 9, 11
Travaux publics (registres d'entre-
preneurs de) 8
Trésor public (quittances du), 13
Trésoriers de district, 57, 65
Tribunaux, 36, 41, 67
Tutelles, 68

V

Vacations (actes qui comportent
plusieurs), 20
Vente, 20, 61
Villes (quittances des droits et octrois des), 7

Visa, 11, 23, 25, 28, 29
Visa d'effets de commerce, 9
Visa extraordinaire, . 57
Universités (registres des), 5

DÉCRETS relatifs à l'enregistrement des actes.

Décret primitif.

Du 5 décembre 1791, sanctionné le 19.

ARTICLE PREMIER.

A compter du 1er. février 1791, les droits de contrôle des actes et des exploits, insinuations ecclésiastiques et laïques, centième denier des immeubles, ensaisinement, scel des jugemens, tous les droits de greffe, les droits réservés sur les procédures lors de la suppression des offices de tiers-référendaires, contrôleurs des dépens, vérificateurs des défauts, receveurs des épices et amendes, le sceau des actes des notaires, le droit de sceau en Lorraine, celui de bourse commune des huissiers de Bretagne,

1.

les quatre deniers pour livre du prix des ventes de meubles, les droits d'amortissement, de nouvel acquêt et usages; seront abolis.

2. La formalité de l'insinuation sera donnée aux actes qui exigent la publicité, ainsi qu'il est prescrit par l'article XXIV du décret de l'assemblée nationale, des 6 et 7 septembre 1790.

Art. II.

3. Les actes des notaires et les exploits des huissiers seront assujettis, dans toute l'étendue du royaume, à un enregistrement, pour assurer leur existence et constater leur date.

4. Les actes judiciaires seront soumis à la même formalité, soit sur la minute, soit sur l'expédition, ainsi qu'il sera expliqué ci-après.

5. Les actes passés sous signature privée y seront pareillement sujets dans les cas prévus par l'article XI.

6. Enfin le titre de toute propriété

ou usufruit de biens-immeubles réels ou fictifs, sera de même enregistré.

A défaut d'actes en forme ou sous signature privée, contenant translation de nouvelle propriété, il sera fait enregistrement de la déclaration que les propriétaires et les usufruitiers seront tenus de fournir de la consistance et de la valeur de ces immeubles, soit qu'ils les aient recueillis par succession ou autrement en vertu des lois et coutumes, ou par l'échéance des conditions attachées aux dispositions éventuelles. 7.

A raison de cette formalité, il sera payé un droit, dont les proportions seront déterminées ci-après, suivant la nature des actes et les objets des déclarations. 8.

I I I.

Les actes et les titres de propriété 9.

ou d'usufruit soumis à la formalité, seront, pour la perception du droit d'enregistrement, divisés en trois classes.

10. La première comprendra les actes dont les objets ont une valeur déterminée, et dont il résulte immédiatement transmission, attribution, obligation ou libération.

11. La seconde classe, ceux dont les objets ne seront pas évalués, soit parce que cette évaluation dépend de circonstances éventuelles, soit parce qu'il n'y a pas lieu à exiger l'évaluation. Cette classe comprendra les contrats de mariage, les testamens, les dons mutuels, les dispositions de biens à venir et de dernière volonté, même les dispositions éventuelles stipulées par des actes entre-vifs, dont les objets sont indéterminés.

12. La troisième classe comprendra tous les actes de formalité ou de

précaution, les actes préparatoires, ceux qui concernent l'introduction ou l'instruction des instances, ceux qui ne contiennent que l'exécution, le complément ou la consommation de conventions antérieures passées en forme d'actes publics, dont les droits auront été payés sur le pied de la première classe, les donations éventuelles d'objets déterminés, et généralement, tous les actes non compris dans les deux classes précédentes.

I V.

Il sera payé pour l'enregistrement des actes et titres de propriété ou d'usufruit de la première classe, un droit proportionnel à la valeur des objets qui y seront désignés.

Cette perception suivra chaque série de cent livres, inclusivement, et sans fraction.

La quotité en sera graduée par plusieurs sections, depuis cinq sous

F v

jusqu'à quatre livres pour cent livres, conformément au tarif qui sera annexé au présent décret.

14. Le droit d'enregistrement des actes de la seconde classe, sera payé à raison du quinzième du revenu des contractans ou testateurs, et leur revenu sera évalué d'après leur cote d'habitation dans la contribution personnelle, sans que le droit puisse être moindre de trente sous.

15. Mais dans le cas où un acte de la seconde classe ne transmettrait que des propriétés immobiliaires, il sera fait déduction de la somme payée pour l'enregistrement de cet acte, sur celle que le propriétaire acquittera, lors de la déclaration qu'il sera tenu de faire pour raison de ces immeubles.

16. Le droit d'enregistrement des actes de la troisième classe, consistera dans une somme fixe pour chaque espèce, depuis cinq sous

jusqu'à douze livres, suivant le degré d'utilité qui en résulte, et conformément aux différentes sections de la troisième partie du tarif.

V.

17. Le droit d'enregistrement des actes de la première classe sera perçu, savoir :

Pour les ventes, cessions ou autres transmissions à titre onéreux, sur le prix exprimé sans fraude, y compris le capital des redevances et de toutes les charges dont l'acquéreur est tenu.

18. A l'égard des actes portant transmission de propriété ou d'usufruit à titre gratuit, des partages de biens-meubles, échanges et autres titres qui ne comporteront pas de prix, le droit d'enregistrement sera réglé pour les propriétés mobiliaires et les immeubles fictifs, d'après la déclaration estimative des parties;

et pour les immeubles réels, d'après la déclaration que les parties seront pareillement tenues de faire de ce que ces immeubles paient de contribution foncière, et dans le rapport du principal au denier vingt-cinq du revenu desdits biens.

19. Faute de déclaration de prix, ou de l'estimation de tous les objets désignés, le droit d'enregistrement sera perçu suivant les différentes sections de la première classe auxquelles les actes et contrats seront applicables, sur une évaluation provisoire de 15,000 livres.

20. Les contractans auront, pendant une année, à compter du jour de l'enregistrement, la faculté de faire leur déclaration de la vraie valeur des objets qu'ils auront omis d'estimer ; le droit sera réduit dans la proportion de cette évaluation, et l'excédant sera restitué, sans que les contractans puissent être dispensés

de faire l'estimation des objets désignés, dont la valeur pourrait donner
lieu à un droit qui surpasserait la
fixation provisoire ci-dessus établie.

V I.

Dans le cas où une déclaration 21.
ne comprendrait pas tous les objets
sur lesquels elle doit s'étendre, ou
la véritable valeur, ou la quotité
réelle de l'imposition territoriale
sur tous les objets désignés, conformément à l'article précédent, il
sera payé deux fois la somme du
droit sur la valeur des objets omis.

V I I.

L'enregistrement prescrit par le 22.
présent décret, se fera en rappelant
sur le registre à ce destiné, par extrait et dans un même contexte,
toutes les dispositions que l'acte
contiendra. La somme du droit sera
réglée suivant les différentes classes

et sections du tarif, auxquelles se rapporteront les dispositions qui ne dériveront pas nécessairement les unes des autres.

V I I I.

23.   Tout acte de notaire sera présenté à l'enregistrement dans les dix jours qui suivront celui de la date, lorsque le notaire résidera dans le même lieu où le bureau sera établi, et dans les vingt jours, lorsqu'il résidera hors du lieu de l'établissement du bureau, à l'exception des testamens qui seront présentés trois mois au plus tard après le décès des testateurs.

24.   Il sera fait mention de la formalité dans les expéditions, par transcription littérale de la quittance du receveur. Si le notaire délivre un acte, soit en brevet, soit par expédition, avant qu'il ait été enregistré, il sera tenu de la restitution des

droits, ainsi qu'elle est prescrite par l'article suivant ; il sera interdit s'il y a récidive ; et dans le cas de fausse mention d'enregistrement, il sera condamné aux peines prononcées pour le faux matériel.

25. Les exploits et actes des huissiers seront enregistrés dans les quatre jours qui suivront celui de leur date, soit au bureau de leur résidence, soit au bureau du lieu où les actes auront été faits.

I X.

26. A défaut d'enregistrement dans les délais fixés par l'article précédent, un acte passé devant notaire ne pourra valoir que comme un acte sous signature privée. Le notaire sera responsable envers les parties, des dommages qui pourront résulter de l'omission ; il sera contraint, sur la demande du préposé, à payer deux fois le montant

des droits, dont l'une sera à sa charge, l'autre à celle des contractans.

27. Cependant l'acte ayant reçu la formalité omise, acquerra la fixité de la date et l'hypothèque, à compter du jour de l'enregistrement ; et en cas de retard du notaire à le faire enregistrer sur la demande qui lui en aura été faite, les parties pourront elles-mêmes requérir cet enregistrement, en acquittant une fois le droit, sauf leur recours contre le notaire à qui elles l'auraient déja payé, et sauf au préposé à poursuivre le notaire pour le second droit résultant de sa contravention.

28. A l'égard des actes d'huissiers, ils seront nuls à défaut de la formalité : les juges n'y auront aucun égard : les huissiers seront responsables envers les parties des suites de cette nullité ; ils seront en outre contraints à payer de leurs deniers

une somme de dix livres pour chaque exploit qu'ils auraient omis de faire enregistrer ; et soumis aux mêmes peines que les notaires, en cas de fausse mention d'enregistrement.

X.

Les actes judiciaires, sentences arbitrales, transactions des bureaux de paix et jugemens des juges de paix, seront enregistrés sur les minutes et dans le délai d'un mois, au bureau établi près la jurisdiction du greffier, lorsqu'ils contiendront transmission de biens-immeubles réels ou fictifs. 29.

Les greffiers qui n'auraient pas reçu des parties les sommes nécessaires pour satisfaire aux droits d'enregistrement, ne seront point tenus d'en faire l'avance ; mais ils ne pourront délivrer aucune expédition desdits actes, avant qu'ils aient été enregistrés, sous peine 30.

d'être contraints à payer de leurs deniers deux fois le montant des droits.

31.   Lorsque les greffiers n'auront pas reçu des parties la somme des droits, ils seront tenus de remettre aux préposés dans le délai du mois, un extrait certifié des actes mentionnés en la première section de cet article, et sur cet extrait, après six mois du jour de la date de l'acte, les parties seront contraintes à payer pareillement deux fois le montant des droits.

32.   Dans tous les autres cas, les seules expéditions des actes judiciaires seront soumises à la formalité avant qu'elles puissent être délivrées, sous la même peine du doublement des droits.

33.   Lorsqu'un acte judiciaire aura été enregistré sur la minute, il en sera fait mention sur les expéditions qui ne seront sujettes à aucuns nouveaux droits.

A l'égard des actes dont l'enre- 34.
gistrement n'est pas prescrit sur la
minute, chaque expédition recevra
la formalité; mais si l'acte est appli-
cable à la première classe, le droit
proportionnel ne sera perçu que sur.
la première expédition; et pour les
autres, à raison de ce qui est fixé
pour les actes de la quatrième section de la troisième classe.

Les actes enregistrés dans le délai 35.
prescrit, auront hypothèque du jour
de leur date, et seulement du jour
de l'enregistrement, lorsqu'ils ne
seront enregistrés qu'après les délais.

X I.

Les actes sous signatures privées, 36.
même les billets à ordre, en conséquence desquels il sera formé quelques demandes principales, incidentes ou en réconvention, seront
enregistrés au bureau du domicile
du demandeur, ou à celui établi

près la jurisdiction où il formera sa demande, avant d'être signifiés ou produits en justice : toute poursuite et signification faite au préjudice de cette disposition sera nulle : les juges n'y auront aucun égard, et ne pourront rendre aucun jugement avant que ces actes aient été enregistrés.

37. Tout acte privé qui contiendra mutation d'immeubles réels ou fictifs, sera sujet à la formalité dans les six mois qui suivront le jour de sa date ; passé lequel délai, si un acte de cette nature est produit en justice, ou énoncé dans un acte authentique, il sera assujetti au paiement du double droit.

38. Les inventaires, à l'exception de ceux de commerce entre associés, les traités de mariage et les actes portant transmission de propriété ou d'usufruit de biens-immeubles, lorsqu'ils seront passés sous signa-

ture privée, ne pourront recevoir la formalité après le délai de six mois expiré, qu'en payant pareillement deux fois la somme des droits.

39. Aucun notaire ou greffier ne pourra recevoir le dépôt d'un acte privé, à l'exception des testamens, ni en délivrer extrait ou copie collationnée, ni passer aucun acte ou contrat en conséquence, sans que l'acte sous signature privée ou le testament aient été préalablement enregistrés.

40. Les lettres-de-change tirées de place en place, et leurs endossemens, les extraits des livres des marchands, concernant leur commerce, et les mémoires d'avances et frais des officiers de justice, lorsqu'ils ne contiendront point d'obligation, les passe-ports délivrés par les officiers publics, et les extraits des registres des naissances,

mariages et sépultures, sont exceptés de cet article.

XII.

41. Les déclarations des héritiers, légataires et donataires éventuels de biens-immeubles réels ou fictifs, prescrites par la quatrième section de l'article II du présent décret, seront faites au plus tard dans les six mois qui suivront le jour de l'événement de la mutation par décès ou autrement : et ce délai passé, les contribuables seront contraints à payer les droits, plus la moitié de la somme en quoi ils consistent.

42. Ces déclarations seront enregistrées : savoir, pour les immeubles réels, au bureau dans l'arrondissement duquel les biens seront situés ; et pour les immeubles fictifs, au bureau établi près le domicile du dernier possesseur.

XIII.

Tous les procès-verbaux , délibé- 43.
rations et autres actes faits et
ordonnés par les corps municipaux
et administratifs , qui seront passés
à leurs greffes et secrétariats , et
qui tendront directement et immédiatement à l'exercice de l'administration intérieure et de la police ,
seront exempts de la formalité et
des droits d'enregistrement.

A l'égard de tous les actes ci-de- 44.
vant assujettis aux droits de contrôle , et qui pourront être passés
par lesdits corps municipaux et
administratifs , notamment les marchés et adjudications d'entreprises ,
et les baux de biens communaux et
nationaux , ils seront sujets aux
droits d'enregistrement dans le délai
d'un mois.

X V.

Les notaires seront tenus, à peine 45.
d'une somme de cinquante livres

pour chaque omission , d'inscrire jour par jour sur leurs répertoires les actes et contrats qu'ils recevront, même ceux qui seront délivrés en brevet.

46.   Les testamens ou actes de dépôt, lorsqu'ils seront faits devant notaires , et les actes de dépôt des testamens faits sous signature privée, seront aussi inscrits sur les répertoires , sans autre indication que celle de la date de l'acte et du nom du testateur , et sans que le préposé puisse prendre communication de ces actes , ni aucunes notes qui y soient relatives , avant le décès dé testateurs.

47.   Les greffiers tiendront sous les mêmes obligations , des répertoires de tous les actes volontaires , dans les lieux où ils sont dans l'usage d'en recevoir , et de ceux dont il résultera transmission de propriété ou de jouissance de biens-immeubles.

Les

Les huissiers tiendront pareille-   48.
ment des répertoires de tous les
actes et exploits, sous peine d'une
somme de 10 livres pour chaque
omission.

Au moyen de ces dispositions, les   49.
préposés ne pourront faire aucune
visite domiciliaire ou recherche générale dans les dépôts des officiers
publics, qui ne seront tenus que de
leur exhiber leurs répertoires à
toute réquisition, et de leur communiquer seulement les actes passés
dans l'année antérieure, à compter
du jour où cette communication sera
demandée.

A l'égard des actes plus anciens,   50.
les préposés ne pourront en requérir
la lecture, qu'en indiquant leur
date et les noms des parties contractantes, et sur ordonnance de juge :
et s'ils en demandent des expéditions, elles leur seront délivrées en
payant deux sous six deniers pour

Tome I.   G

chaque extrait ou rôle d'expédition, outre les frais du papier timbré.

XV.

51. Il sera établi des bureaux pour l'enregistrement des actes et déclarations, et pour la perception des droits qui en résulteront, dans toutes les villes où il y a chef-lieu d'administration ou tribunal de district, et en outre dans les cantons où ils seront jugés nécessaires sur l'avis des districts et départemens, sans que l'arrondissement d'aucun de ces bureaux puisse s'étendre sur aucune paroisse qui ne serait pas du même district.

52. Aucun notaire, procureur, greffier ou huissier ne pourra à l'avenir être pourvu de ces emplois.

53. Aucun juge ni commissaire du roi ne pourra être préposé à l'exercice des mêmes droits.

54. Les receveurs et autres employés

seront tenus de prêter serment au tribunal du district dans le ressort duquel le bureau sera placé. Cette prestation aura lieu sans autres frais que ceux du timbre de l'expédition qui en sera délivrée.

X V I.

Les notaires, les greffiers, les huissiers et les parties seront tenus de payer les droits dans tous les cas, ainsi qu'ils sont réglés par le présent décret et le tarif annexé. Ils ne pourront en atténuer ni différer le paiement, sous prétexte de contestation sur la quotité, ni pour quelque cause que ce soit, sauf à se pourvoir en restitution, s'il y a lieu, par-devant les juges compétens. 55.

X V I I.

Les préposés ne pourront, sous aucun prétexte, pas même en cas de contravention, différer l'enregis- 56.

trement des actes, dont les droits leur auront été payés conformément à l'article précédent : ils ne pourront suspendre ou arrêter le cours des procédures en retenant aucuns actes ou exploits ; mais si un acte dont il n'y a pas de minute, ou un exploit contenait des renseignemens dont la trace pût être utile, le préposé aurait la faculté d'en tirer une copie, et de la faire certifier conforme à l'original par l'officier qui l'aurait présenté ; et sur le refus de l'officier, il s'en procurera la collation en forme à ses frais, sauf répétition en cas de droit, le tout dans les vingt-quatre heures de la présentation de l'acte au bureau.

XVIII.

57. Toute demande et action tendante à un supplément de droit sur un acte ou contrat, sera prescrite après le délai d'une année, à comp-

ter du jour de l'enregistrement; les parties auront le même délai pour se pourvoir en restitution.

Toute contravention par omission 58. ou insuffisance d'évaluation dans les déclarations des héritiers, légataires et donataires éventuels, sera pareillement prescrite après le laps de trois années.

Enfin toute demande de droits 59. résultant des successions directes ou collatérales, pour raison de biens-meubles ou immeubles réels ou fictifs, échus en propriété ou en usufruit, par testamens, dons éventuels ou autrement, sera prescrite après le laps de cinq années , à compter du jour de l'ouverture des droits.

X I X.

Les préposés à la perception des 60. droits sur les actes , feront, comme par le passé, la recette des amendes d'appel , ainsi que celles qui ont lieu ou qui pourraient être réglées dans les cas de cassation, déclinatoire, réintégrande, évocation, inscription de faux, tierce-opposition, récusation de juges et requête civile. Ils seront également chargés du recouvrement des amendes, aumônes, et de toutes autres peines pécuniaires prononcées par forme de condamnation pour crimes et délits, faits de police, contraventions aux réglemens des manufactures et autres, à la charge de rendre aux parties intéressées la part les concernant, sans aucuns frais.

X X.

61. Les collecteurs des contributions directes, personnelles ou foncières, et tous dépositaires des rôles desdites contributions, seront tenus de donner communication de ces rôles aux préposés à la perception des droits d'enregistrement, même de leur en

laisser prendre extraits à toute réquisition, sur papier libre, et de les
certifier sans frais.

XXI.

La perception des droits d'enre- 62.
gistrement réglés par le présent
décret et par le tarif annexé, n'aura
aucun effet rétroactif.

XXII.

Tous les actes publics dans les 63.
pays ci-devant assujettis aux droits
de contrôle, insinuation et accessoires, qui, à l'époque de l'exécution de ce décret, n'auront pas subi
toutes leurs formalités, ne pourront
être assujettis à plus grands droits
que ceux fixés par les anciens tarifs,
pourvu qu'ils soient présentés à
l'enregistrement dans les délais qui
étaient prescrits. Mais les actes et
déclarations dont la perception serait
plus avantageuse aux parties contractantes, sur le pied fixé par le

présent décret, jouiront du bénéfice de ses dispositions, à compter du jour qu'il sera exécuté.

XXIII.

64. Les actes sous signatures privées, de date antérieure à l'époque fixée pour l'exécution du présent décret, ne seront assujettis au droit d'enregistrement qu'autant qu'ils l'étaient à ceux d'insinuation et centième denier, ou dans les cas où il sera formé quelque demande en justice, ou passé quelqu'acte authentique en conséquence, et seulement au simple droit.

XXIV.

65. Enfin, à l'égard des actes en forme authentique, passés avant l'époque du présent décret, dans les pays du royaume qui n'étaient point soumis au contrôle, ils auront leur exécution sans être assujettis à la formalité de l'enregistrement ; *et*

quant aux actes sous seings-privés, passés dans les mêmes pays avant cette époque, ils seront enregistrés lorsqu'il sera formé quelque demande ou passé quelqu'acte public en conséquence, sans qu'on puisse exiger de double droit.

X X V.

L'introduction et l'instruction des instances relatives à la perception des droits d'enregistrement, auront lieu par simples requêtes ou mémoires, respectivement communiquées sans aucuns frais, autres que ceux du papier timbré et de significations des jugemens interlocutoires et définitifs, et sans qu'il soit nécessaire d'y employer le ministère d'aucuns avocats ou procureurs dont les écritures n'entreront point en taxe. 66.

A l'égard des instances ci-devant engagées, relativement à la percep- 67.

des droits du contrôle des actes et autres droits y joints, elles seront éteintes et comme non-avenues, à compter du jour de l'exécution du présent décret ; mais les parties pourront se pourvoir de nouveau, tant à charge qu'à décharge, sous les formes et dans les délais prescrits par les articles précédens.

XXVI.

Le présent décret sera porté à l'acceptation du roi ; et pour en assurer la prompte exécution, il sera prié de nommer huit commissaires.

———

TARIF des droits d'enregistrement qui seront perçus sur les actes civils et judiciaires et sur les titres de propriété.

PREMIÈRE CLASSE.

PREMIÈRE SECTION.

Actes sujets au droit de cinq sous par cent livres.

1°. Les cautionnemens faits et reçus en justice pour des sommes déterminées, dans quelques tribunaux que ce soit.   68.

2°. Les cautionnemens des trésoriers, receveurs et commis, pour sureté des deniers qui leur sont confiés.   69.

3°. Les billets à ordre, les baux de nourriture des enfans mineurs, à raison du prix d'une année, les quittances, les actes de remboursement de rente, et tous autres actes   70.

G vj

de libération qui expriment des valeurs, et les retraits de réméré qui sont exercés dans le délai stipulé, lorsqu'ils n'excèdent pas le terme de douze années, à compter du jour de la date du contrat d'aliénation.

71.   4°. Les marchés et adjudications pour constructions, réparations, entretien, approvisionnemens et fournitures dont le prix doit être payé des deniers du trésor public, ou par les départemens, districts et municipalités.

72.   5°. Les ventes et adjudications des coupes de bois nationaux, taillis ou futaies, à raison de ce qui en forme le prix.

73.   6°. Les attermoiemens entre un débiteur et ses créanciers, lorsqu'ils lui feront la remise d'une partie aliquote du principal de leurs créances, à raison du montant des sommes que le débiteur s'oblige de payer.

7°. Les obligations à la grosse aventure et pour retour de voyages. 74.

8°. Les contrats d'assurance, à raison de la valeur de la prime, et les abonnemens faits en conséquence sur le pied de la valeur des objets abonnés ; mais en temps de guerre, les droits seront réduits à moitié. 75.

9°. Les reconnaissances et les baux à chetel de bestiaux, d'après l'évaluation qui se trouvera dans l'acte, ou à défaut, d'après l'estimation qui sera faite du prix des bestiaux. 76.

10°. Les baux de pâturages non excédant douze années, à raison du prix d'une année de location. 77.

11°. Les expéditions des jugemens de tribunaux de commerce et de district dont il résultera condamnation, liquidation, collocation, obligation, attribution ou transmission de sommes déterminées, et valeur mobiliaires, tant en principaux qu'intérêts et dépens 78.

liquidés, sans que, dans aucun cas, le droit puisse être moindre de 20 sous.

79. A l'égard des jugemens de condamnation et autres rendus par les tribunaux de districts, en matière d'imposition, le droit d'enregistrement auquel ils seront assujettis, ne pourra, dans aucun cas, excéder 10 sous.

80. 12°. Les déclarations que les héritiers, donataires éventuels et légataires en ligne directe seront tenus de fournir de la valeur entière des biens immeubles réels ou fictifs qui leur seront échus en propriété; il ne sera payé que la moitié desdits droits pour les déclarations d'usufruit des mêmes biens, et il ne sera rien dû pour la réunion de l'usufruit à la propriété, lorsque le droit d'enregistrement aura été acquitté sur la valeur entière du titre de propriété.

13°. Les legs de sommes et d'ef-   81.
fets mobiliers en ligne directe.

SECONDE SECTION.

*Actes sujets au droit de dix sous par
cent livres.*

1°. Les contrats de mariage qui   82.
seront passés devant notaires, et
avant la célébration, quelques conventions que ces actes puissent contenir entre les futurs époux et leurs
pères et mères, à raison de toutes
les sommes, biens et objets qui
y seront désignés comme appartenant aux conjoints, ou leur étant
donnés, cédés ou constitués en ligne directe. A l'égard des cessions
et donations qui leur seront faites
par des parens collatéraux, ou par
des étrangers, les droits en seront
perçus sur le pied de la quatrième
section ci-après, si les objets en
sont présens et désignés; et suivant

la seconde classe, s'il s'agit de biens à venir.

83. Le droit d'enregistrement de ces contrats ne pourra être moindre au total de trente sous, et dans tous les cas, il pourra être réglé sur le pied, soit de la première, soit de la seconde classe.

84. 2°. Les inventaires et les partages entre co-propriétaires, qui seront passés devant notaires ou au greffe, à raison des objets mobiliers inventoriés, et de tous les biens-meubles partagés ; mais lorsqu'un partage aura été précédé d'un inventaire en forme authentique, il sera fait déduction des droits, jusqu'à concurrence des sommes payées lors de l'inventaire, pour raison des objets inventoriés qui entreront dans la masse du partage ; et s'il y a soulte au partage, le droit sera perçu sur cette soulte sur le pied de la quatrième section ci-après.

3°. Les cautionnemens et indem- 85.
nités de sommes et valeurs déterminées, non compris dans la section
précédente.

4°. Les attermoiemens entre un 86.
débiteur et ses créanciers, sans remise sur les capitaux.

5°. Les donations, cessions et 87.
transmissions à titre gratuit d'usufruit de biens-meubles ou immeubles, qui auront lieu par des actes
entre-vifs en ligne directe, autrement que par contrats et en faveur
de mariage, à raison de la valeur
entière des biens sujets à l'usufruit;
à l'égard des ventes et cessions faites
également en ligne directe et à titre onéreux des mêmes usufruits,
les droits en seront payés sur le pied
du prix stipulé, suivant la quatrième
section, ci-après.

6°. Les déclarations que seront 88.
tenus de faire les époux survivans,
des biens immeubles dont ils recueil-

leront l'usufruit à titre de donation, droit de viduité, ou tous autres avantages usufruitiers accordés,
soit par les lois et coutumes, soit
en vertu des clauses insérées dans
leurs contrats de mariage, par don
mutuel ou par testament ; et le droit
résultant de ces déclarations, sera
payé sur la valeur entière des biens
sujets à l'usufruit.

89. 7°. Les sociétés, marchés et traités, autres que ceux dénommés dans
la section précédente, composés de
sommes déterminées et d'objets mobiliers désignés susceptibles d'évaluation.

TROISIÈME SECTION.

Actes sujets au droit de quinze sous par cent livres.

90. 1°. Les contrats, transactions,
sentences arbitrales, promesses de
payer, arrêtés de comptes et **autres**

actes qui contiendront obligation de sommes déterminées sans libéralité, et sans que l'obligation soit le prix de la transmission d'aucuns effets, meubles ou immeubles.

2°. Les baux à ferme ou à loyer d'une seule année, à raison de ce qui en forme le prix. 91.

3°. Les donations mutuelles et conventions réciproques de libéralités d'objets mobiliers déterminés, à l'exception de celles entre maris et femmes, en raison de toute les sommes, et de la valeur des biens qui y seront compris ; et lors de l'événement, il ne sera dû aucuns droits. 92.

A l'égard des donations mutuelles et des dons éventuels qui ne comprendront que des biens immeubles déterminés, les droits en seront payés sur le pied de la quatrième section des actes simples, sans préjudice des déclarations qui seront à fournir pour le paiement des droits 93.

proportionnels, lorsque ces donations auront leur effet.

94.   4°. Les traités de mariage passés sous signatures privées, qui seront présentés à l'enregistrement dans le délai de six mois après leur date, et ceux qui seront passés devant notaires, après la célébration, dans les pays où ils sont autorisés par les usages, lois et coutumes, à raison des sommes, biens et objets qui seront énoncés comme appartenant aux conjoints, ou qui leur seront constitués en ligne directe, sans préjudice des droits exprimés dans la section précédente, sur les cessions et donations qui leur seraient faites autrement qu'en ligne directe.

QUATRIÈME SECTION.

Actes sujets au droit de vingt sous par cent livres.

95.   1°. Les reconstitutions de rentes dues par l'état, qui seront faites au

profit des acquéreurs de ces rentes par cession ou transport, et toutes autres constitutions de **rente perpétuelles ou viagères.**

2°. Les actes et procès-verbaux contenant vente, cession et adjudication de biens-meubles, coupes de bois taillis et futaies, autres que celles mentionnées en la première section, et de tous autres objets mobiliers, soit que ces ventes soient faites à l'enchère, par autorité de justice ou autrement, à raison de tout ce qui en forme le prix. **96.**

3°. Les actes, contrats et transactions passés pardevant les officiers publics, qui contiendront entre copropriétaires, partage, licitation, cession et transport de biens immeubles réels ou fictifs, à raison du prix de ce qui sera transporté aux cessionnaires. **97.**

4°. Les ventes, cessions, donations, démissions et transmissions **98.**

de propriété de biens immeubles réels ou fictifs, et les donations de sommes et objets mobiliers qui auront lieu par des actes entre-vifs en ligne directe, autrement que par contrats de mariage.

99. 5°. Les échanges de biens immeubles entre quelques personnes que ce soit, à raison de la valeur d'une des parts lorsqu'il n'y aura aucun retour; et toutes les fois qu'il y aura retour ou plus-value, le droit sera réglé à 20 sous par 100 livres sur la moindre portion, et comme en vente sur le retour ou plus-value.

100. 6°. Les engagemens conventionnels ou judiciaires, et contrats pignoratifs stipulés jusqu'à douze années inclusivement, en proportion du montant des créances.

101. 7°. Les contrats et jugemens portant délaissement, déguerpissement, renvoi et rentrée en possession de

biens immobiliers, faute de paiement de la rente ou d'exécution des
clauses du premier contrat, ou en
vertu des retraits conventionnels;
mais dans le cas où le contrat antérieur aurait été jugé radicalement
nul, comme dans celui où il n'aurait pas été exécuté, soit par l'entrée effective de l'acquéreur en
jouissance, soit par le paiement du
tout ou de partie du prix, les droits
ne seront payés que sur le pied de
la quatrième section des actes de
la troisième classe.

8°. Les déclarations que seront
tenus de fournir dans les délais prescrits par l'article XII du décret, les
frères et sœurs, oncles et neveux,
héritiers, légataires ou donataires
éventuels, des biens immeubles
réels ou fictifs qui leur seront échus
en usufruit, dont les droits seront
payés à raison de la valeur entière
de ces biens; et si par la suite

ils réunissent la propriété à l'usufruit, à quelque titre que ce soit, les droits ne seront payés que sur l'estimation ou le prix de la propriété, déduction faite de l'usufruit.

103. A l'égard des ventes et cessions à titre onéreux des mêmes usufruits et des baux à vie, les droits en seront payés, savoir; pour les ventes et cessions, à raison du prix stipulé; et pour les baux à vie, à raison du capital au denier dix de la redevance, et suivant la sixième section ci-après.

104. 9°. Les déclarations que seront tenus de fournir les survivans des époux, de tous les biens immobiliers qui leur seront transmis en propriété par donation et libéralité, à titre de reprise, de rétention ou autrement, et des capitaux de rentes, pensions, sommes et objets mobiliers qui leur seront échus à titre gratuit, en vertu de leurs contrats

de

de mariage, testamens ou autres dispositions, sauf à déduire sur les droits ce qui aura été payé par le survivant pour l'enregistrement du testament ou du don mutuel.

CINQUIÈME SECTION.

Actes sujets au droit de trente sous par cent livres.

1°. Les actes, soit entre-vifs ou à cause de mort, contenant dons ou legs de sommes déterminées et de valeurs mobiliaires désignées et susceptibles d'estimation, sauf à faire distraction des sommes et objets compris dans les legs et dispositions auxquels il aura été fait rénonciation à temps utile et par acte en forme.   105.

2°. Les déclarations que seront tenus de faire les donataires et légataires éventuels des sommes ou autres objets mobiliers qu'ils auront recueillis par le décès des dona-   106.

teurs, ou par l'événement des autres conditions prévues, en vertu d'actes et contrats dont le droit d'enregistrement n'aura été payé que sur le pied des actes simples, conformément à l'art. III du décret.

107.   Sont exceptés les donations mutuelles, les dons et gains de survie entre maris et femmes, et les dispositions en ligne directe, dont les droits sont réglés par les précédentes sections.

108.   3°. Les déclarations que seront tenus de fournir les héritiers, légataires et donataires éventuels, parens aux troisième et quatrième degrés, des biens immeubles réels ou fictifs qui leur seront échus en usufruit, conformément au huitième paragraphe de la section précédente.

109.   4°. Les baux à ferme ou à loyer, au-dessus d'une année, jusqu'à douze inclusivement, et les sous-

baux, les subrogations, cessions et rétrocessions desdits baux, à raison du prix d'une année de location.

5°. Les baux de pâturages, excédant douze années, jusqu'à trente inclusivement.   110.

SIXIÈME SECTION.

Actes sujets au droit de quarante sous par cent livres.

1°. Les ventes, adjudications, cessions, rétrocessions, les licitations portant adjudications à d'autres que les co-propriétaires de biens immeubles réels ou fictifs, les déclarations de command, d'ami, ou autres de même nature, faites après les six mois du jour des acquisitions, les engagemens et contrats pignoratifs au-dessus de douze années, les baux à rente et ceux au-dessus de trente ans, ou à vie sur plus d'une tête.   111.

2°. Les donations entre-vifs et les   112.

H ij

mutations de biens immeubles, opérées par succession, testament ou don éventuel entre frères et sœurs, oncles et neveux.

113. Lorsque le vendeur ou donateur se réservera l'usufruit, le droit sera acquitté sur la valeur entière de l'immeuble ; mais il ne sera dû aucun nouveau droit pour la réunion de l'usufruit à la propriété.

114. Dans le cas où la vente comprendrait des biens meubles et immeubles, le droit sera perçu sur le tout, ainsi qu'il est réglé par la présente section, s'il n'est stipulé pour les meubles un prix particulier.

115 3°. Les déclarations que seront tenus de fournir les parens au-delà du quatrième degré, et les étrangers, des biens immeubles réels ou fictifs qui leur seront échus en usufruit.

SEPTIÈME SECTION.

Actes sujets au droit de trois livres par cent livres.

1°. Les donations entre-vifs et les mutations de propriété de biens immeubles, opérées par succession, testament et don mutuel entre parens aux troisième et quatrième degrés.   116.

2°. Les baux à ferme ou à loyer au-dessus de douze années, jusqu'à trente inclusivement.   117.

Les mêmes droits seront payés pour les sous-baux, subrogations, cessions et retrocessions desdits baux, s'ils doivent durer encore plus de douze années.   118.

A l'égard des contre-lettres qui seront passées, soit sur des baux, soit sur d'autres actes et contrats, les droits en seront perçus à raison des effets qui en résulteront ; savoir :   119.

Sur le pied de la quatrième sec-   120.

tion des actes simples, lorsqu'il s'agira seulement de réduire ou de modifier les conventions stipulées par des actes antérieurs qui auront été enregistrés.

Et à raison du triple des droits fixés par le présent tarif, sur toutes les sommes et valeurs que la contre-lettre ajoutera aux conventions antérieurement arrêtées par des actes en forme.

121. Pour tous les actes de la première classe dont les sommes et valeurs n'excéderont pas cinquante livres, il ne sera perçu que la moitié du droit fixé pour cent livres dans chaque division.

HUITIÈME SECTION.

Actes sujets au droit de quatre livres par cent livres.

122. Les donations entre-vifs, et les mutations de propriété de biens immeubles, opérées par succession,

testament et don éventuel entre parens au-delà du quatrième degré,
et entre étrangers.

SECONDE CLASSE.

*Actes dont le droit est réglé en rai-
son du revenu présumé et évalué
d'après la cote d'habitation dans
la contribution personnelle des
contractans.*

1°. Les testamens et actes de der-   123.
nière volonté, lorsqu'ils contiendront institution d'héritier, legs
universel de biens meubles ou immeubles, sans transmission ni acceptation, à raison d'un seul droit
pour chaque testateur ou instituant,
en quelque nombre que soient les
héritiers ou légataires.

Dans le cas où le testateur aurait   124.
fait plusieurs testamens ou codiciles, les droits de seconde classe
ne seront perçus que sur l'un de ces

actes; ils seront réglés pour les autres en raison de la quatrième section des actes de la troisième classe.

125. Seront réputés legs universels ceux qui s'étendront sur la totalité des biens du testateur, meubles ou immeubles, ou sur un genre de biens propres, acquêts ou conquêts.

126. Seront réputés legs particuliers et sujets aux droits des actes de la première classe, sur les déclarations estimatives, ceux qui comprendront des objets mobiliers désignés par leur espèce ou leur situation, quand même la consistance ou la quantité n'en serait pas déterminée, tels que les legs de la totalité de livres, linges et habits, armes, ustensiles du testateur, des meubles garnissant une chambre ou une maison, et autres semblables.

127. 2°. Les donations éventuelles d'objets indéterminés, les rappels à

succession, promesses de garder succession, les institutions contractuelles et autres dispositions de biens à venir, contenues dans les actes entre-vifs.

3°. Les substitutions et les exhérédations, tant qu'elles subsisteront, soit qu'elles soient faites par acte entre-vifs, ou à cause de mort.   128.

Il ne sera perçu qu'un droit pour celles faites par une personne dans le même acte ; et si la substitution est de biens désignés susceptibles d'évaluation, qui donneront ouverture à un moindre droit, en le réglant sur le pied des valeurs, telle qu'elle est fixée par la quatrième section de la première classe, il sera dans ce cas perçu sur ce pied.   129.

4°. Tous les actes compris dans les précédentes dispositions de la seconde classe, ne seront assujétis qu'au demi droit, toutes les fois qu'ils seront faits en ligne directe.   130.

H v

131.   5°. Les contrats de mariage dont le droit n'aura pas été réglé sur le montant des constitutions dotales, conformément à l'option réservée par la seconde section des actes de la première classe.

132.   6°. Les dons mutuels entre maris et femmes.

133.   Dans tous les cas ci-dessus exprimés il sera fait déclaration du montant de la cote d'habitation dans la contribution personnelle des contractans, ou des personnes dont l'imposition devra servir à fixer les droits, d'après les rôles qui auront immédiatement précédé la date des actes entre-vifs, et la présentation au bureau des actes de dernière volonté, à l'effet d'établir la perception, conformément au présent tarif : faute de cette déclaration, il sera perçu provisoirement une somme de cent livres ; mais les parties auront alors la faculté de justifier de

la somme de ladite contribution pendant une année à compter du jour de l'enregistrement. Les droits seront réduits en conséquence, et l'excédant sera restitué, sans que l'on puisse être dispensé de payer le supplément qui serait demandé par le préposé, en vertu desdits rôles, dans le cas où il en résulterait un droit qui surpasserait la perception provisoire ci-dessus établie.

134. Les contrats de mariage dont le droit sera perçu sur les revenus présumés des contractans, d'après la cote d'habitation, seront de plus assujettis au paiement des droits sur les dispositions faites en faveur des conjoints par des collatéraux ou des étrangers.

135. La perception du droit sur les revenus présumés, ne sera assise que sur ceux du futur seulement; et dans le cas où il ne serait pas imposé personnellement, l'assiette du droit se

fera à raison du revenu présumé du père, pour la moitié seulement, si le futur est seul héritier ; et dans le cas où le futur aurait des frères et sœurs, pour une portion de cette moitié relative au nombre d'enfans existans lors du contrat de mariage.

136. La même règle aura lieu pour les autres actes sujets au droit de la seconde classe, lorsqu'ils seront passés par des enfans de famille qui ne seront pas imposés personnellement.

137. Les actes de cette seconde classe, qui seront passés par des personnes non-imposées à la contribution personnelle, à cause de la modicité de leurs facultés, ne seront sujets qu'au droit de trente sous.

138. Enfin, les étrangers paieront les mêmes droits ; et dans les cas où ils n'auraient pas été imposés à la contribution personnelle, le droit sera réglé sur la déclaration qu'ils

seront tenus de faire de leurs revenus.

TROISIÈME CLASSE.

PREMIÈRE SECTION.

Actes sujets au droit fixe de cinq sous.

1°. Les lettres de voiture passées devant les officiers publics, à raison d'un droit pour chaque personne à qui les envois seront adressés. 139.

2°. Les engagemens de matelots, gens de mer et d'équipage, et les quittances de leur salaire, qu'ils donneront aux armateurs à leur retour de voyages, à raison d'un droit pour chaque engagement ou quittance, et sans égard aux sommes qui seront désignées dans ces actes. 140.

3°. Chaque exploit ou significaion fait entre les défenseurs des parties, ou qui aura pour objet le recouvrement des contributions di- 141.

rectes ou indirectes, même des contributions locales, et toutes les contraventions aux règlemens généraux de police ou d'impôt, tant en action qu'en défense, suivant les principes qui seront exposés ci-après à la troisième section, relativement aux droits d'enregistrement des exploits.

SECONDE SECTION.

Actes sujets au droit fixe de dix sous.

142. 1°. Les procès-verbaux de délits et contraventions aux règlemens généraux de police ou d'imposition, lesquels seront enregistrés, à peine de nullité, dans les quatre jours qui suivront celui de leur date, et avant qu'aucun huissier puisse en faire la signification.

143. Si la signification est faite par le procès-verbal, et dans le même contexte, il ne sera perçu que le droit réglé par la présente section.

tant pour le procès-verbal que pour la signification à un seul délinquant; et s'il y a plusieurs délinquans, les droits des significations faites au second et aux suivans, seront perçus, outre celui du procès-verbal, ainsi qu'ils sont réglés par la précédente section.

2°. Les connaissemens ou reconnaissances de chargement par mer, à raison d'un droit par chaque personne à qui les envois seront adressés. 144.

3°. Les extraits ou copies collationnées d'actes et contrats par les officiers publics, à raison d'un droit par chaque pièce. 145.

4°. Les expéditions des jugemens qui seront rendus en matière de contribution, de délits et contraventions. 146.

Les jugemens préparatoires ou définitifs rendus en matière criminelle, sur la poursuite du minis- 147.

tère public, sans partie civile, et les expéditions qui en seront délivrées, seront exempts de la formalité et du droit d'enregistrement.

TROISIÈME SECTION.

Actes sujets au droit fixe de quinze sous.

148.   1°. Les quittances de rachats de droits féodaux, conformément à l'article LIV du décret de l'assemblée nationale, du 3 mai 1790.

149.   2°. Les exploits et significations des huissiers et autres ayant droit de faire des notifications en forme, tant en matière civile que criminelle, à l'exception des exploits désignés dans la première section ci-dessus, et de ceux qui contiennent déclaration d'appel, dont les droits seront réglés par les sections suivantes.

150.   Les exploits ne seront sujets qu'à un seul enregistrement ; mais le droit sera perçu pour chaque per-

sonne requérante ou à qui la signification sera faite, sans qu'il puisse être perçu, en total, plus de cinq droits sur un exploit ou procès-verbal fait dans un seul jour, et pour le même fait.

Les co-propriétaires et co-héritiers, les parens réunis pour donner leurs avis, ou les débiteurs créanciers associés ou solidaires, les séquestres, les experts et les témoins, ne seront comptés que pour une seule personne, soit en demandant, soit en défendant.   151.

Les exploits et significations qui seront faits à la requête du ministère public, sans jonction de partie civile, soit par les huissiers, soit par les brigadiers et cavaliers de maréchaussée, et autres dépositaires de la force publique pour la poursuite des crimes et délits, seront enregistrés *gratis*.   152.

QUATRIÈME SECTION.

Actes sujets au droit fixe de vingt sous.

153. Les actes et contrats qui ne contiendront que des dispositions préparatoires et de pure formalité, tels que les procurations, les compromis et nominations d'experts ou arbitres, les simples décharges, les partages d'immeubles sans soulte ni retour, les procés-verbaux, autres que ceux désignés en la seconde section, les déclarations et consentemens purs et simples, les actes de notoriété, certificats de vie, affirmations, certificats, attestations, oppositions, protestations, ratifications d'actes en forme, les abstentions et rénonciations à communauté, successions ou legs, à raison d'un droit pour chaque succession ou legs, les assemblées de parens ou d'habitans, les autorisations, les délivrances de legs, les actes de res-

pect ou sommations respectueuses,
quelque soit l'officier public qui en
fera la notification , à l'exception
de ceux signifiés par les huissiers ,
les désistemens de demandes ou d'appel avant le jugement , les résiliemens de marchés et de toute espèce
de convention , avant que leur
exécution ait été entamée , même
celles des contrats de vente d'immeubles, avant que l'acquéreur soit
entré en jouissance ou en paiement du
prix de l'acquisition , et les déclarations de command, d'ami, faites dans
les six mois qui suivront les ventes
et adjudications en vertu de réser-
ves expressément stipulées par les
contrats et jugemens, et aux mêmes
conditions que l'acquisition.

154. Les titres nouvels, les actes de
prise de possession , les dépôts et
consignations chez les officiers publics , et généralement tous les
actes et contrats qui ne contien-

dront que l'exécution, le complément et la consommation de contrats antérieurs et immédiats, soumis à la formalité, sans qu'il intervienne aucunes personnes désintéressées dans les premières conventions; néanmoins, les droits des actes ci-dessus énoncés, ne pourront excéder ceux qui auront été perçus sur les contrats précédens auxquels ils auront rapport.

155.   3°. Les dons éventuels d'objets déterminés, et les donations mutuelles qui ne comprendront que les biens immeubles présens et désignés.

156.   4°. Les actes qui opéreront la réunion de l'usufruit à une propriété, dont le droit aura été acquitté sur la valeur entière de l'objet.

157.   5°. Les actes refaits pour nullité ou autres causes, sans aucuns changemens qui ajoutent aux objets des conventions, ou à leur valeur.

6°. L'enregistrement de formalité   158.
des donations entre-vifs, lorsqu'il
sera requis dansdes bureaux différens de ceux où les contrats auront
été enregistrés pour la perception.

7°. Les expéditions des jugemens   159.
et autres actes judiciaires, passés
aux greffes et à l'audience, qui sont
simplement préparatoires, de formalité ou d'instruction , excepté
ceux des juges de paix qui sont déclarés exempts de tous droits d'enregistrement, et ceux des tribunaux
de district en matière de contributions qui sont désignés dans la seconde section.

8°. Les secondes expéditions des   160.
jugemens des tribunaux de district,
lorsque les premières auront acquitté le droit proportionnel.

9°. Enfin tous les actes civils et   161.
judiciaires qui ne pourront recevoir
d'application positive à aucune des
autres classes ou sections du présent tarif.

CINQUIÈME SECTION.

Actes sujets au droit fixe de quarante sous.

162.   Les expéditions des actes judiciaires portant nomination de tuteurs et curateurs, commissaires, directeurs ou séquestres, apposition ou reconnaissance de scellés pour chaque vacation, clôture d'inventaire, celles des jugemens qui donnent acte d'appel, d'affirmation, acquiescement, qui ordonnent qu'il sera procédé à partage, vente, licitation, inventaire, portant reconnaissance ou maintien d'hypothèque, conversion d'opposition en saisie, débouté d'appel ou d'opposition, décharge de demande, déclinatoire, publication judiciaire de donations, entérinement de lettres, de procès-verbaux et et rapports, sans qu'il en résulte partage effectif ou mutation ; enfin ceux qui portent main-lévée d'opposition ou de saisie, maintenue en posses-

sion, nantissement, soumission et exécution de jugement, les acceptations de succession et de legs qui n'ont pas une valeur déterminée, à raison d'un droit pour chaque legs ou succession, et généralement tous les actes et jugemens définitifs des tribunaux de district, rendus contradictoirement ou par defaut, en première instance, et qui ne sont pas applicables à la première classe.

SIXIÈME SECTION.

Actes sujets au droit fixe de trois livres.

1°. Les transactions en matière criminelle pour excès, injures, et mauvais traitemens, lorsqu'elles ne contiendront aucune stipulation de dommages-intérêts ou de dépens liquidés qui donnent lieu à des droits proportionnels plus considérables.   163.

2°. Les indemnités dont l'objet n'est pas estimé.   164.

3°. Les significations et déclara-   165.

tions d'appel au tribunal de district, des sentences rendues par les juges de paix.

SEPTIÈME SECTION.

Actes sujets au droit fixe de six livres.

166. 1°. Les abandonnemens de biens pour être vendus en direction, les contrats d'union et de direction de créanciers, les actes et jugemens portant émancipation, bénéfice d'âge ou d'inventaire et rescision, en quelque nombre que soient les impétrans.

167. 2°. Les sociétés et traités dont les objets ne seront pas susceptibles d'évaluation, les actes qui en stipulent la dissolution, et les inventaires de titres et papiers, lorsqu'ils seront séparés de l'inventaire du mobilier de la succession ou de l'absent, et qu'ils énonceront des titres concernant la propriété des immeubles.

168. 3°. Les significations et déclara-
, tions

tions d'appel des jugemens des tribunaux de districts.

4°. Les expédiions des jugemens
définitifs rendus sur appel, et dont
les objets ne seront ni liquidés ni
évalués.

169.

HUITIÈME SECTION.

Actes sujets au droit fixe de douze livres.

1°. Les actes et les expéditions
des jugemens portant interdiction
ou séparation de biens entre maris et femmes, sauf à percevoir sur
le montant des condamnations et
liquidations, dans les cas où celles
prononcées par le jugement donne-
raient ouverture à de plus grands
droits.

170.

2°. Le premier acte portant notification de recours au tribunal de
cassation, et les expéditions des jugemens de cette cour.

171.

Tome I. I

Dispositions relatives aux actes sous signatures privées.

172. Tous les droits établis dans les classes et sections du présent tarif, seront perçus sur tous les actes faits sous seing-privé, lorsqu'ils seront présentés à l'enregistrement, suivant la classe et la section à laquelle ils appartiendront, sauf le double droit pour les actes de la première classe, seulement, et dans les cas exprimés par la loi.

Titre des exceptions.

173. Il ne sera payé que la moitié des droits fixés par le tarif, tant sur les actes de la première, que sur ceux de la seconde et de la troisième classe, pour tout ce qui appartiendra et sera délivré, adjugé ou donné par ventes, donations ou libéralités, legs, transactions et jugemens en faveur des hôpitaux, écoles d'ins-

truction et d'éducation, et autres établissemens publics de bienfaisance.

L'assemblée nationale se réserve au surplus de statuer sur la fixation des droits qui seront payés pour les acquisitions, à quelque titre que ce soit, de biens-immeubles réels ou fictifs, qui pourront être faites par les hôpitaux, colléges, académies et autres établissemens permanens, et sur les formalités qui seront nécessaires pour autoriser ces acquisitions. — 174.

L'assemblée se réserve également de statuer sur les hypothèques, et sur les droits auxquelles elles donnent lieu, lesquels seront provisoirement perçus comme au passé. — 175.

Toutes les acquisitions de domaines nationaux faites par les municipalités, les ventes, reventes, adjudications et subrogations qu'elles en feront, ensemble les actes d'em- — 176.

prunts de deniers pour parvenir aux-
dites acquisitions , avec affectation
de privilège , sur lesdits fonds , soit
de la part des municipalités , soit de
la part des particuliers , en faisant
d'ailleurs la preuve de l'emploi réel
et effectif des deniers en acquisition de fonds nationaux , ainsi que
les quittances relatives au paiement
du prix des acquisitions , seront enregistrés, sans être assujettis à autre
droit que celui de quinze sous , et ce
pendant les quinze années accordées
par le décret du 14 mai dernier.

177.   Toutes les acquisitions des mêmes
domaines , faites par des particuliers, la vente et cession qu'ils en
feront , et les actes d'emprunts faits
pour les causes , et aux conditions
portées ci-dessus, ne seront pareillement assujettis qu'au droit de 15 s.
pendant les cinq années accordées
par le décret des 25 , 26 et 29 juin
dernier.

DÉCRET *additionnel.*

Du 29 septembre 1791 , sanctionné le
9 octobre suivant.

ARTICLE PREMIER.

Addition à l'article 2 du décret primitif du 5 décembre 1790.

Les pères qui viendront à l'administration et jouissance que quelques coutumes leur donnent, des
biens appartenans aux enfans non
émancipés, en vertu de la simple
puissance paternelle , ne devront
aucun droit; et il n'y aura pas lieu
pour eux à la déclaration prescrite
par l'article II.

178.

Addition à l'article IV.

II. La déduction accordée au propriétaire par l'article IV , aura lieu
également en faveur de l'usufruitier.

179.

I iij

Addition à l'article VIII.

180. III. Lorsque les testamens n'auront pas été présentés à l'enregistrement dans le delai de trois mois après la mort des testateurs, ou l'ouverture des testamens, suivant l'article VIII de la loi du 19 décembre dernier, les préposés de la régie pourront contraindre les notaires qui les auront reçus, à les présenter au bureau, et poursuivre le paiement des droits contre les héritiers et légataires qui auront mis le testament à exécution.

181. Ne pourront, dans tous les cas, les héritiers et les légataires mettre à exécution, en tout ou en partie, les testamens avant qu'ils aient été enregistrés, à peine du double droit en cas de contravention.

Addition à l'article IX.

182. IV. Les huissiers comme les no-

taires, seront tenus, à défaut d'en-
registremeut des procès-verbaux de
vente de meubles ou autres actes
sujets au droit proportionnel, de la
restitution du droit, sans préjudice
de l'amende de 10 liv. pour chaque
omission.

Addition à l'article X.

V. Toutes citations faites devant
les juges de paix, sans distinction
de celles faites par les huissiers ou
par les greffiers, ne seront assujetties
ni à la formalité ni au droit d'enregistrement.

183.

Addition à l'article X.

VI. Les jugemens des juges de
paix seront enregistrés sur les minutes, lorsqu'ils contiendront transmission de biens-immeubles réels
ou fictifs : les appositions de scellés,
les inventaires, les émancipations,
les actes de tutelle faits par les ju-

184.

ges de paix, seront aussi enregistrés. Les jugemens et expéditions des jugemens préparatoires des juges de paix, ne seront assujettis à aucune formalité. Les expéditions des jugemens définitifs, et l'exploit de notification de ces jugemens, seront enregistrés et assujettis au seul droit de cinq sous.

185.   VII. Les décisions des tribunaux de famille seront assujetties aux mêmes droits que les jugemens des tribunaux de district, sans pouvoir être assujetties à de plus grands droits.

Addition à l'article X.

186.   VIII. Les certificats des bureaux de paix ne seront pas sujets à l'enregistrement.

Addition à l'article XI.

187.   IX. Les billets à ordre ou au porteur pourront n'être présentés à l'en-

registrement qu'avec le protêt qui en aura été fait.

Addition à l'article XI.

X. Les actes passés en pays étrangers ou dans les colonies seront sujets à la formalité de l'enregistrement, dans tous les cas où les actes sous signature privée y sont assujettis, et dans les mêmes délais et sous la même peine.

Addition à l'article XI.

XI. La date des actes sous signature privée ne pourra être opposée pour preuve de prescription contre la demande des droits ouverts par la transmission d'immeubles réels ou fictifs.

Addition à l'article XII.

XII. Le délai de six mois, fixé par l'article XI, pour les déclarations, sera d'un an pour les héritiers, légataires et donataires des personnes décédées hors du royaume ; et pour les héritiers des absens, le délai de six mois ne commencera à courir que du jour qu'ils auront pris la succession ; et en cas de retour de l'absent, les droits seront restitués.

Addition à l'article XII.

191.   XIII. Les rentes constituées et les rentes viagères seront à l'avenir assujetties dans tout le royaume aux droits d'enregistrement fixés sur les immeubles fictifs.

Addition à l'article XVI.

192.   XIV. Les notaires et autres officiers publics qui se trouveront en contravention aux dispositions des articles X et XI, seront assujettis à payer deux fois le montant des droits des actes qui n'auront pas reçu la formalité de l'enregistrement.

'Addition à l'article XVII.

XV. Les préposés ne pourront 193. exiger des parties, pour les recherches et pour les extraits qui leur seront demandés, que dix sous par année indiquée, et cinq sous par extrait, y compris le papier timbré.

Ces extraits ne pourront être délivrés que sur ordonnance de juge, lorsqu'ils ne seront pas demandés par quelqu'une des parties contractantes, ou leurs ayans-cause.

Addition à l'article XXV.

XVI. La prescription des droits 194. dus sur les actes publics, antérieurs à la loi du 19 décembre dernier, et non insinués, aura lieu après cinq ans à compter du jour de leur date.

Addition à l'article XXV.

XVII. La forme de procédure 195. prescrite par l'article XXV de la loi du 19 décembre, sera suivie pour toutes les instances relatives aux domaines et droits dont la régie est réunie à celle de l'enregistrement.

196. XVIII. Toutes les quittances de remboursement d'offices, dettes arriérées et autres créances sur le trésor public, exceptées de la formalité et du droit d'enregistrement par le décret du 3 avril 1791, seront enregistrées dans le délai fixé par la loi, mais sujettes au simple droit de cinq sous, pour simple formalité.

Sur le Tarif.

Article premier.

Addition au n°. 3 de la seconde section de la première classe.

Les droits d'enregistrement sur les cautionnemens, ne pourront, en aucun cas, excéder ceux perçus sur les dispositions qu'ils ont pour objet.

197,

Addition au n°. 6 de la seconde section de la première classe.

II. Les déclarations prescrites, à la seconde section de la première classe, aux époux survivans, des biens dont ils recueillent l'usufruit, comprendront les biens meubles comme les immeubles.

198.

Addition au n°. premier de la sixième section de la première classe.

III. Les droits sur tous les baux

199,

à vie, soit qu'ils soient sur une ou plusieurs têtes, sont fixés à quarante sous par cent livres, sur le capital au denier dix.

Addition au n°. 3 de la septième section de la troisième classe.

200. IV. Les significations et déclarations d'appel des jugemens au tribunal de district qui doit juger en dernier ressort.

TABLE ALPHABÉTIQUE

Des diverses dispositions contenues dans les décrets et tarif de l'enregistrement *.

A

Abandonnement de biens en direction , 166

Absent. Inventaires de ses titres et papiers , 167

---

* *Nota.* Dès que la loi de l'enregistrement a paru, tout le monde a senti la nécessité d'en avoir un tableau alphabétique ; plusieurs ont été faits : mais aucun ne m'a paru remplir le but desiré , sur-tout en ce que l'on y a souvent tronqué ou défiguré le vrai texte de la loi. On a adopté ici une méthode bien plus simple et plus sure : on s'est borné à marquer, en marge du texte de la loi même, un ordre de numéros auxquels renvoie chaque mot de la table , qui comprend, dans un ordre alphabétique, tous les objets énoncés dans le décret et dans le tarif : ensorte qu'il n'est personne qui, à l'aide de cette table , ne puisse à l'instant et sans aucune peine, trouver la disposition littérale, soit du décret, soit du tarif, qu'il a interêt de connaitre.

Abstention à communauté, succession ou legs, 153

Académies, pourront acquérir : à quels droits ? 174

Acceptation de succession ou de legs, 162

Acquiescement jugé, 162

Actes. V. Contrôle, dépot, enregistrement, expédition, insinuation, notaire, sceau, etc.

Actes qui exigent la publicité, seront enregistrés, ce qui équivaut l'ancienne insinuation, 1

Actes authentiques (anciens) ne sont point assujettis aux nouveaux droits, 65

Actes civils et judiciaires, 4, 29, 159, 161

Actes de greffe, 159

Actes définitifs et autres, 162

Actes judiciaires, préparatoires, de formalité ou d'instruction, 4, 29, 159

Actes de notoriété, 153

Actes publics (anciens) ne sont assujettis qu'aux anciens droits, pourvu qu'ils soient présentés à temps,   63

Actes refaits pour nullités ou autres causes,   157

Actes de respect,   153

Actes sous signatures privées (les anciens) ne sont assujettis aux nouveaux droits,   64, 65

Actes sous seings privés soumis aux droits,   5, 36, 172

Actes de valeurs non excédantes 50 liv.   121

Actes de ventes de meubles ou de coupes de bois,   96

Action en supplément de droits, est annale,   57

Adjudications, 71, 72, 111, 153

Adjudications de biens nationaux, 176, 177

Administration de biens nationaux, 178

Affirmations, 153, 162

Amendes. V. Receveurs.

Amendes qui seront perçues, 60

Ami (déclaration d') sur adjudication, 111, 153

Amortissement. Ancien droit supprimé, 1

Appel (Désistement d'), 153

Débouté d'appel, 162

Signification et déclaration d'appel, 165, 168, 199

L'amende sera consignée sur l'appel, 60

Apposition de scellé, 162

Approvisionnemens (Marché d'), 71

Arbitrage, 153

Armateurs, 140

Arrêtés de comptes, 90

Assemblées de parens, 153

Assemblées d'habitans, *ibid.*

Assurance (Contrat d'), 75

Attermoiemens, 73, 86

Attestations, 153

Attribution (Jugement d'), 78

Avoués, ci-devant procureurs, ne peuvent être préposés à l'enregis-trement, 52

Autorisation, 153

B.

Baux. V. Corps.

Baux à chetel, 76

Baux à loyer, 91, 109, 117

Baux à ferme, *ibid.*

Baux de nourriture de mineurs, 70

Baux de pâturage, 77, 110

Baux à rente, 111

Baux à vie, 103, 111, 198

Bénéfice d'âge (Actes et jugemens de), 166

Bénéfice d'inventaire, *ibid.*

Biens (Baux des) communaux et nationaux. *V.* Corps.

Biens nationaux. V. Domaines na-tionaux, 176, 177

Billets à ordre, seront enregistrés, 36, 70, 186

Billets au porteur,   186

Bois nationaux (Vente de coupe de)   72

Bourse commune : ce droit est supprimé,   1

Bretagne. Le droit de bourse commune des huissiers bretons est aboli,   1

Bureaux d'enregistrement ; où seront établis,   51

Bureaux de paix. Leurs certificats sont exempts, 185. *V.* Transactions.

C.

Capitaux de rentes transmis aux époux survivans,   104

Cassation. V. Amende, Jugement, Recours, Tribunal de cassation.

Cautionnemens de sommes et valeurs,   68 , 69 , 85 , 196.

Centième denier des immeubles ; ce droit est supprimé,   1

Certificats ,   153

Certificats de vie,   *ibid.*

Cessions de baux, 109, 118

Cessions par contrat de mariage, 82

Cessions d'usufruit, 87, 103

Cessions d'immeubles, 97, 98, 111

Cessions de biens nationaux, 177

Chargement par mer, 144

Chetel (Bail à), 76

Citations. Toutes celles faites devant les juges de paix, sont exemptes de la formalité et du droit, 182

Civils (Actes), 161

Classes du droit d'enregistrement.

Première, 10, 13, 17, 18, 19, 20, 68-122

Seconde, 11, 14, 15, 123-138

Troisième, 12, 16, 139-171

Clôture d'inventaire, 162

Codiciles, 124

Collecteurs de contributions communiqueront leurs rôles, 61

Colléges : pourront acquérir, 174

214 CODE DES NOTAIRES,

Collocation (Jugement de), 78

Colonies (Actes passés dans les),
quand sont sujets à l'enregistrement, 187

Command (Déclaration de), 111,
153

Commissaire du roi, ne peut être
préposé à l'enregistrement, 53

Commissaires (nomination de),
162

Complément de contrats, 154

Compromis pour arbitrage, 153

Comptes arrêtés, 90

Communauté (Répudiation de),
153

Condamnation (Jugement de),
78, 79

Conjoints, paieront d'après les revenus présumés, 134
Paieront aussi relativement aux
dispositions faites en leur faveur
par des collatéraux ou étrangers, *ibid.*

Connaissemens, 144

Consentemens, 153

Consignation, 154

Constitutions dotales, 131

Constructions (Marché de), 71

Contrats, 90

Actes concernant leur exécution, leur complément et leur consommation, 154

Contrats d'assurance, 75

Contrats de mariages, 82, 83

Contrat de mariage non-réglé sur constitutions dotales, 131

Contrat de mariage dont le droit sera perçu sur le revenu présumé des époux, 134

Contrats de partage d'immeubles, 97

Contrats pignoratifs, 110, 111

Contrats d'union et de direction, 166

Contravention. Comment se constate et se poursuit, et se prescrit, 56, 58, 60

Contravention (Procès-verbal de), 142

216 CODE DES NOTAIRES,

Contre-lettres sur contrats, baux ou actes, 119, 120

Contribution personnelle servira de base à la fixation de certains droits, 133, 138

Contribution (Jugemens en matière de), 159

Contrôle des actes et des exploits, est supprimé à compter du 1er. février 1791, 1, 63

Contrôleur de dépens. Sa fonction et ses droits sont supprimés, 1

Conventions réciproques de libéralité, 92

Conventions résiliées, 153

Conversion d'opposition en saisie, 162

Copies collationnées d'actes ou contrats, 145

Corps municipaux et administratifs ; leurs actes d'aministration intérieure et de police sont exempts de l'enregistrement, 44

Mais

Mais leurs marchés et adjudica-
tions d'entreprises, et les baux
des biens communaux et natio-
naux seront enregistrés,   44
Cote d'habitation, sera déclarée,
                                133
Coupes de bois (procès-verbaux de
ventes de),   96
Coupes de bois nationaux ,   72
Crimes. V. Peines pécuniaires, 60
Criminelles (Matières),   163
Curateurs (Nomination de),   162

D.

Date, sera constatée sur les actes
    par l'enregistrement ,   3 , 25
Débouté d'opposition ou d'appel,
                                162
Décharges (Actes de),   153
    Décharge de demande ,   162
Déclarations à l'enregistrement ,
    seront faites à défaut de titre trans-
    latif de propriété ou d'usufruit, 7
    En cas d'omission d'objets ou de

valeur, le droit en sera payé au double, 21

Quand et où seront enregistrées, et sous quelle peine, 41, 189

Déclarations de command, d'ami ou autres, 111, 153

Déclarations de biens de succession, 80

Déclarations à faire par époux survivans et usufruitiers, 88, 197

Déclarations de biens provenans de succession, legs ou donation par usufruit, 41, 102, 189

Déclarations à fournir par les survivans des époux, 88, 104, 197

Déclarations à faire par les héritiers, donataires et légataires éventuels, 41, 106, 108, 189

Déclarations d'immeubles à fournir par les parens et étrangers usufruitiers, 115, 197

Déclaration de cote d'habitation, 133

Peine du défaut de déclaration,
ibid.
Déclarations pures et simples,
153
Déclinatoire, 60 , 162
Défaut. Peines du défaut d'enre-
gistrement, 26, 27 , 28, 181
Déguerpissement, 101
Delai pour faire les déclarations
d'héritage, 41 , 189
Délaissement d'immeubles, 101
Délits. V. Peines pécuniaires, 60
Délits (Procès-verbaux de), 142
Délivrance de legs, 153
Demandes principales, incidentes
ou en reconvention qui seront
fondées sur des écrits sous seings
privés , seront non recevables si
les actes ne sont pas enregistrés,
36
Demande en paiement et supplé-
ment de droit d'enregistrement,
57 , 59
Désistement de demande , 153

K ij

Décharge de demande, 162

Démission d'immeubles, 98

Deniers (Quatre) pour livre des ventes : ancien droit supprimé, 1

Dépens. V. contrôleur.

Dépens liquidés, 78

Dépens adjugés par transaction, 163

Dépôt. V. notaires ; préposés.

Dépôt d'acte privé, ne sera recevable qu'après l'enregistrement de l'acte, 39

Les dépôts seront inscrits sur le répertoire, 46

Droit sur le dépôt, 154

Désistemens de demandes ou d'appel avant le jugement, 153, 162

Directeurs (nomination de), 162

Direction de créanciers, 166

Dispositions faites en ligne directe, 107, 130

Dispositions faites en faveur des conjoints par des collatéraux ou étrangers, 134

Dispositions des biens à venir, 127

Dissolution de sociétés et traités , 167

Domaines nationaux, ventes, re-ventes, cessions, emprunts, subro-gations et autres actes qui les concernent, 176, 177

Dommages-intérêts adjugés par transaction , 163

Don éventuel, 93

Don éventuel entre frères et sœurs, oncles et neveux , 112

Don éventuel d'objets déterminés, 155

Dons mobiliers faits par actes entre vifs ou à cause de mort, 105

Don mutuel, 104, 105, 116, 122, 132

Dons de survie, 107

Donataires éventuels feront décla-ration, 102, 105, 108

Donateur réservant l'usufruit, 113

Donations entre-vifs,   87,112

— Entre parens aux troisième et quatrième degrés,   116

— Entre parens au-delà du quatrième degré, et entre étrangers, 122

Enregistrement de formalité dans différens bureaux,   158

Donations par contrats de mariage,   82

Donations éventuelles d'objets indéterminés,   127

Donation d'immeubles,   98

Donations mobiliaires entre vifs ou en ligne directe,   98

Donations mutuelles, 92, 93, 107, 155

Donation en propriété entre époux,   104

Donation (Publication de), 162

Donation d'usufruit,   87

Droits anciens. *V.* Contrôle; Insinuation; Centième denier; ensaisinement; Greffes; Tiers-référendaires; Contrôleurs; Vérifica-

ENREGISTREMENT. 223

teurs ; Receveurs ; Bourse com-
mune ; Ventes ; Amortissement ;
Nouvel acquet ; Usage ; Sceau:
tous ces droits sont abolis,   1
Droits d'enregistrement,
   Droit de 5 s. par 100 liv.   68-81
   Droit de 10 s. par 100 liv.   82-89
   Droit de 15 s. par 100 liv.   90-94
   Droit de 20 s. par 100 liv.   95-104
   Droit de 30 s. par 100 liv. 105-110
   Droit de 40 s. par 100 liv. 111-115
   Droit de 3 liv. par 100 liv. 116-121
   Droit de 4 liv. par 100 liv.   122
Droit réglé sur revenu présumé et
   évalué,   123-138
   Droit fixe de 5 s.   139-141
   Droit fixe de 10 s.   142-147
   Droit fixe de 15 s.   148-152
   Droit fixe de 20 s.   153-161
   Droit fixe de 40 s.   162
   Droit fixe de 3 liv.   163-165
   Droit fixe de 6 liv.   166-169
   Droit fixe de 12 liv.   170-171
Droits perçus provisoirement en

cas de refus de déclaration ,
133

Droits féodaux (Quittance de rachat), 148
Droits réservés , sont supprimés, 4

E.

Echanges d'immeubles , 99
Ecoles d'instruction et d'éducation :
modération de droits, 173
Effet rétroactif (Le droit d'enregistrement n'a point d'), 62
Emancipations (Actes et jugemens
d'), 166
Emprunts concernant les biens nationaux , 176, 177
Endossemens de lettres-de-change
sont exempts de l'enregistrement ,
40
Enfans de famille , règles pour les
actes qui les concernent, 136
Engagemens conventionnels ou judiciaires, 100, 111
Enregistrement, comment , où et

E N R E G I S T R E M E N T. 225

dans quel temps il se fera, 22, 24,
31, 45, 47, 48

Peine qui résultera de l'omission, 26

Ne sera différé à l'enregistrement des actes, sous prétexte de contravention, etc. 56

Les droits d'enregistrement n'ont point d'effet rétroactif, 62

Enregistrement de formalité de donations, 158

Ensaisinement, ce droit est supprimé, 1

Entérinement de lettres, de procès-verbaux et de rapports, 162

Entreprises. V. Corps.

Entretien (Marché d'), 71

Epices. V. Receveurs.

Epoux survivans; déclarations qu'ils feront, 88

Equipage (Gens d'): Leurs engagemens et quittances, 140

Etablissemens publics de bienfaisance. 173

K v

Etablissemens permanens , 174

Etrangers , comment paieront les droits , 138

Actes passés en pays étrangers, quand seront sujets à l'enregistrement , 187

Evocation donne lieu à l'amende , 60

Exceptions pour les droits, 40, 121, 130, 147, 152, 173, 177

Exécution et complément de contrats , 154

Exécution de jugemens , 162

Exhérédations , 128, 129

Expéditions des actes judiciaires, seront enregistrées , 4

Expéditions des actes des notaires feront mention de l'enregistrement de la minute, et ne seront sujettes à aucuns nouveaux droits , 24

Il en sera de même des expéditions d'actes judiciaires , 29

Le droit proportionnel n'est perceptible que sur la première expédition, 34

Les secondes et subséquentes ex-péditions ne seront sujettes qu'au droit fixe de 20 s. 34, 160

Expéditions de jugemens et actes judiciaires, préparatoires, de formalité ou d'instruction, 159

Autres en matière de contribu-tions, de délits et de contra-ventions, 146

Autres en matière criminelles, 147

Exploits. V. Contrôle, Huissier, 141, 149,

et numéros, 150, 152

Extraits. V. Marchands ; Nais-sance ; Mariage ; Sépulture.

—— d'actes et contrats par officiers publics, 145

—— des registres de l'enregistre-ment, 192

K vj

F.

Faits de police (Peine pour)   60

Faux. V. Inscription de faux,   60

Fournitures (Marché de),   71

Frais d'officiers de justice. *V.* Mémoires.

Fraude aux droits, comment constatée,   56

Futaies (Coupes de),   72

G.

Gains de survie,   107

Garde de succession,   127, 178

Gens de mer. *V.* Mer, Équipage.

Greffiers : Comment ils pourvoiront
à l'acquit des droits d'enregistrement des actes de greffe, 30,
55

Ne recevront en dépôt des actes
privés que lorsqu'ils seront
contrôlés,   31

Auront des répertoires, et pour-
quoi,   47

Ne peuvent être préposés à l'enregistrement,   52
Greffes (anciens droits de) , sont
   supprimés ,   1
Grosse aventure (Obligation à), 74

H.

Habitans (Assemblées d'),   153
Héritiers , usufruitiers, feront des
   déclarations,   102
Hôpitaux , droits modérés ,   173
   Acquisitions qu'ils pourront faire ,
             174
Huissiers. V. Exploits.
   Leurs exploits seront enregistrés,
     et ils en paieront les droits , 1 ,
            55
   Dans quel temps seront enregis-
     trés,   25
   Peine de l'omission,   28, 181
   Inscriront tous leurs actes et ex-
     ploits, en leurs répertoires , 48
   Ne peuvent être préposés à l'en-
     registrement ,   52

Notifications qu'ils feront, 153,
171

Hypothèque, comment s'acquerra
par acte notarié et judiciaire, 27,
35

Hypothèque reconnue ou maintenue par inventaire, 162

Hypothèques futures ; il y sera
statué, 175

I.

Immeubles réels ou fictifs. Les titres
translatifs ou les déclarations
seront enregistrés, 6

Partage ou aliénation d'immeubles, 97

Vente ou donation d'immeubles
avec réserve d'usufruit, 113

V. Déclarations, donation, vente,
usufruit.

Imposition (Jugement en matière
d'), 79

L'imposition servira de base à la
fixation de certains droits d'enregistrement, 133, 138

Indemnités non-estimées, 164

Inscription de faux donne lieu à l'amende, 60

Insinuations ecclésiastiques et laïques sont supprimées, 1

Les actes qui exigent de la publicité seront enregistrés au lieu d'être insinués, 2, 63

Instances sur la perception des droits d'enregistrement, comment seront instruites et jugées, 66, 67

Institution d'héritier, 123

Interdiction (Jugement d'), 170

Intérêts adjugés, 78

Inventaires, à l'exception de ceux de société de commerce, seront enregistrés dans les six mois, à peine du double droit, 38

Inventaires entre co-propriétaires, 84

Inventaire portant reconnaissance ou maintien d'hypothèque, 162

Clôture d'inventaire, 162

Bénéfice d'inventaire, 166

Inventaire de titres et papiers,
167

J.

Jouissance de biens de mineurs, 178
Judiciaires (Actes),   159, 161
Jugemens des juges de paix. Quels
sont ceux qui seront enregistrés,
29, 183

Jugemens des tribunaux de commerce et de district portant condamnation, liquidation, collocation, obligation, ou transmission,   78

Jugemens des tribunaux de district en matière d'impositions,
79

Jugemens civils,   146

Jugemens en matière criminelle,
147

Jugement qui donne acte d'appel, d'affirmation, d'acquiescement,
162

Jugement qui ordonne partage, licitation, vente, etc.   162

Jugemens préparatoires, de formalité ou d'instruction,   159

Jugemens définitifs,   162, 169

Jugemens d'interdiction et de séparation de biens,   170

Juges, n'auront aucun égard aux
actes sous seings privés qui ne
seront point enregistrés,   36

Ne pourront être préposés à l'enregistrement,   53

Juges de paix. V. Jugemens.

Exemption de certains actes et
jugemens émanés des juges de
paix,   159, 182

Appel de leurs sentences, 165

L.

Légataires, feront des déclarations,
                   102, 106, 108

Legs.

Legs mobiliers,   81, 105

Legs universels,   123, 125

Legs particuliers,   126

Délivrance de legs,   153

Renonciation à legs, 153
Acceptation de legs, 162
Lettres-de-change, sont exemptes de l'enregistrement, 40
Lettres entérinées, 162
Lettres de voiture, 139
Levée de scellés, 162
Libération (Actes de), qui expriment des valeurs, 70
Libéralités entre époux, 104
Licitation d'immeubles, 97, 111, 162
Liquidation (jugement de), 78
Livres. V. Marchands.
Lorraine, l'ancien droit de sceau qui s'y percevait est supprimé, 1

M.

Main-levée d'opposition et de saisie, 162
Maintenue en possession, 162
Manufactures. Peine des contraventions à leurs règlemens, 60
Marchands. Les extraits de leurs livres sont exempts de l'enregistrement, 40

Marchés, 71 , 89 , 153
   V. Corps.

Mariage, les extraits d'actes de mariage sont exempts de l'enregistrement, 40
   Contrats et traités de mariage, 82 , 83 , 93 , 94

Matelots (Engagemens de), et leurs quittances, 140

Mémoires de frais des officiers de justice ne seront sujets à l'enregistrement lorsqu'ils ne contiendront point obligation, 40

Mer (Gens de), leurs engagemens et quittances, 140

Mineurs, baux pour leur nourriture, 70

Ministère public : il n'est rien dû pour les actes faits à sa requête, 147 , 152

Minutes. V. Actes judiciaires ; Jugemens de paix ; Sentences arbitrales ; Transactions.

Municipalités. V. Corps et Domai-

nes nationaux, 176, 177
Mutations d'immeubles, 112, 116, 122

N.

Naissances (Actes de), les extraits sont exempts de l'enregistrement, 40
Nantissement, 162
Notaires, leurs actes sont sujets à l'enregistrement, 3
Dans quels temps doivent être enregistrés, 23
Peines qu'ils encourront pour omission, 24, 26, 181, 191
Ne recevront des actes privés en dépôt que lorsqu'ils auront été enregistrés, 39
Inscriront leurs actes sur leurs répertoires, 45
Ne peuvent être préposés à l'enregistrement, 52
Acquitteront les droits sur leurs actes, 55, 191

ENREGISTREMENT. 237
Notifications en forme, 141, 143, 149, 152, 153, 165, 171
Notoriété (Acte de) 153
Nouvel acquêt, ce droit est aboli, 1
Nullités (Actes refaits pour), ou autres causes, 157

O.

Obligations à grosse aventure et pour retour de voyage, 74
Obligation résultante de jugement, 78
Obligations de sommes déterminées, 90
Officiers de justice. *V*. Mémoires.
Oppositions, 153, 162
Tierce-opposition, 60

P.

Paix. V. Juges de paix, exemption qui les concerne, 159
Parens (Assemblées de), 153
Parens usufruitiers, feront des déclarations, 108
Partages entre co-propriétaires, 84
Partages d'immeubles, 97, 153

238 CODE DES NOTAIRES,

Partage effectif ou ordonné, 162

Parties, comment seront contraintes au paiement des droits d'enregistrement d'actes de greffe,
31, 55

Parties intéressées au paiement
des peines pécuniaires, 60

Pâturages (baux de), 77

Passeports délivrés par les officiers
publics ne sont sujets à l'enregistrement, 40

Peines pécuniaires pour crimes et
délits, 60

Pensions des époux survivans, 104

Perception des droits d'enregistrement n'a point d'effet rétroactif,
62

Pignoratifs (contrats), 106, 111

Plus-value en échange, 99

Police (actes de), *V.* Corps.

Faits de police, comment punis,
60

Possession (prise de), 154

Possession maintenue, 162

Préposés au droit d'enregistrement
ne pourront faire de visites do-
miciliaires ni recher che générale
dans un dépôt,   49
Quels répertoires leur seront re-
présentés,   5o
Les préposés prêteront serment
au tribunal de district,   54
Ils ne pourront différer l'enregistrement,   56
Ce qu'ils feront en cas de contra-
ventions,   56
Ils feront la recette des amendes,
                          6o
Ils prendront communication des
rôles de contributions,   61
Prescription contre l'action en paie-
ment du droit d'enregistrement,
                          57, 188, 193
Pour omission ou insuffisance dans
les déclarations,   58
Et pour successions,   59
Principaux adjugés,   78
Prises de possession,   154

Procès-verbaux simples, 142, 143,
153

Procès-verbaux de ventes de meubles ou de bois,   96

Procès-verbaux de délits et contraventions,   142

Procès-verbaux entérinés,   162

Procurations,   153

Promesses de payer,   90

Promesses de garder succession,
127

Propriété, le titre translatif en sera
enregistré,   6, 37

A défaut de titres, les propriétaires en feront enregistrer la
déclaration,   41

Propriété réunie à l'usufruit,
102, 156

Protestations,   153

Publication de donations,   162

Q

Quittances ordinaires,   70

Quittances de rachat de droits
féodaux,   148

Quittances

Quittances de remboursement
d'offices et autres dettes nationales, 193

R

Rachat de droits féodaux (quittan-
ces de), 148
Rappel à succession, 127
Rapports entérinés, 162
Ratifications d'actes en forme, 153
Receveurs d'épices et d'amendes ,
leurs fonctions et leurs droits sont
supprimés, 1
Recherches. Ce que les préposés
pourront se faire payer pour droit
de recherche , 192
Reconnaissances à chetel , 76
Reconnaissance de chargement par
mer, 144
Reconstitutions de rentes sur l'état,
95
Recours (actes de), au tribunal
de cassation , 171
Récusation de juge donne lieu à
l'amende , 60

Tome I.   L

242 Code des Notaires,

Référendaire,   1

Réintégrande donne lieu à l'amen-
    de,   60

Remboursemens de rente,   70

Réméré (retraits de),   70

Rénonciation à communauté, suc-
    cession ou legs,   153

Rentes constituées, soumises à l'en-
    registrement,   190
    Rentes viagères,   ibid.
    Actes de remboursement,   70
    Réconstitution de rentes sur l'é-
       tat,   95

Rentrée en possession d'immeubles,
                       101

Renvoi en possession d'immeubles,
                    ibid.

Réparation (marché de),   71

Répertoires des notaires.
    Les actes y seront inscrits exacte-
       ment,   45
    Répertoires des greffiers, quels
       actes y seront inscrits,   47
    Répertoires des huissiers, énon-

ceront tous leurs actes et ex-
ploits,   48
Reprise de survivant,   104
Requête civile donne lieu à l'amen-
de,   60
Rescision,   166
Résiliemens de marchés, ventes et
autres conventions,   153
Respect (actes de),   153
Respectueuses (sommations),
   153
Rétention de survivant,   104
Retour de voyage (obligation à),
   74
Retour ou plus-value en échange,
   99
Retraits de réméré,   70
Retrait conventionnel,   101
Rétrocessions de baux,   109, 118
Rétrocessions d'immeubles,   111
Reventes de biens nationaux, 176,
   177
Revenus présumés pour la percep-
tion des droits,   133 — 138

244 CODE DES NOTAIRES,

Réunion de l'usufruit à la propriété, 113, 156

Rôles de contribution, seront communiqués, 61

S

Saisie par conversion d'opposition, 162

Main-levée de saisie, ibid

Sceau des actes des notaires, ce droit est supprimé, 1

Sceau en Lorraine, ancien droit supprimé, 1

Scel des jugemens : ce droit est supprimé, 1

Scellés (apposition et levée de), 162

Secondes expéditions, 160

Sentences arbitrales, 29, 90,

Séparation de biens (jugement de), 170

Sépultures (actes de), les extraits sont exempts de l'enregistrement, 40

Séquestre (nomination de), 162
Serment, V. Préposés.
Significations, 141, 143, 149,
152, 165, 168
Société, 89, 167
Sommations respectueuses, 153
Sommes déterminées par jugemens,
78
Sommes et valeurs au-dessous de
50 liv. 121
Sous-baux, 109, 118
Sous-seings-privés, V. Actes sous
seings-privés, 64, 172
Soumission, 162
Subrogations de baux, 109, 118
Subrogations concernant les biens
nationanx, 176
Substitutions, 128, 129
Successions, 59, 112, 116, 122,
Rappel à succession, 127
Promesse de garder succession,
ibid
Rénonciation à succession, 153
Succession acceptée, 162

246 Code des Notaires,
Inventaire de titres et pápiers de succession, 167
Supplément de droits : quand sera demandé, 57
Survivans, déclarations qu'ils feront, 88

T

Taillis (coupes de), 72
Testamens, ne seront délivrés et ne pourront être exécutés qu'après avoir été enregistrés, 23, 39, 180
Seront inscrits sur les répertoires, 46
Testamens ordinaires, 104, 105, 112, 116, 122
Testamens portant institution d'héritier ou legs universel non acceptés, 123
Plusieurs testamens par un seul testateur, 124
Testamens contenant substitution ou exhérédation, 128, 129

Tierce-opposition, donne lieu à l'amende, 60

Tiers-référendaires, ancien droit de taxe supprimé, 1

Titre nouvel, 154

Traités de mariage, sous seings-privés, 38, 94

Traités ordinaires, 89

Traités évalués, 167

Actes de résiliation de traités, *ibid.*

Transactions des bureaux de paix, seront enregistrées en minute, 29

Transactions simples, 90

Transaction contenant partage, 97

Transaction en matière criminelle, 163

Transmission sous seing-privé de propriété ou d'usufruit d'immeubles, dans quel temps sera enregistrée, 37

Jugement de transmission, 78

Transmission d'usufruit, 87

Transmission d'immeubles, 98

248 CODE DES NOTAIRES,

Transport d'immeubles, 97
Tribunal de cassation (acte de re-
cours au), 171
Expéditions des jugemens de
cette cour, *ibid*
Tribunaux de district. *V*. Préposés
et contribution, 159
Expéditions premières et secon-
des qui y seront délivrées, 159,
160
Tribunaux de famille, 184
Tuteurs (nomination de), 162

V

Vacation de scellé, 162
Valeurs, actes qui en expriment, 70
Valeurs mobiliaires, 78
Vendeur réservant l'usufruit, 113
Ventes, l'ancien droit de quatre de-
niers pour livre des ventes mobi-
liaires est supprimé, 1
Ventes d'usufruit, 87, 103
Ventes de meubles et de coupe
de bois, 96, 181

Ventes d'immeubles, 98, 111

Ventes de meubles et d'immeubles, 114, 181

Ventes de biens et de bois nationaux, 72, 176, 177

Ventes résiliées, 153

Ventes ordonnées, 162

Vérificateurs de défauts, anciens
droits supprimés, 1

Union de créanciers, 166

Voyage (obligation à retour de),
74

Usages, anciens droits abolis, 1

Usufruits, 6, 13, 38, 87, 178,
179

Usufruit réservé, 113

Usufruit réuni à la propriété,
102, 156

Usufruitier, déclarations et droits
à sa charge, 13, 88, 102, 199.

Dispositions diverses, relatives au timbre et à l'enregistrement, extraites de différens décrets.

I.

Les registres des agens de la conservation (générale des forêts nationales) ne seront pas sujets au *timbre.* Leurs procès-verbaux et les actes de procédure faits à leur diligence, ainsi que les jugemens par eux obtenus, seront soumis à l'*enregistrement ;* mais les droits ne seront portés en recette que *pour mémoire,* sauf à les comprendre dans les dépens auxquels les délinquans seront condamnés.

Décret du 15 septembre 1791, sanctionné le 29, concernant la nouvelle administration forestière, tit. IX, article 22.

I I.

Les quittances de remboremcnt (des dettes des corps et communautés supprimés) seront affranchies des droits *d'enregistrement et de timbre*, et il ne sera point exigé de certificats des hypothèques.

Décret du 21 septembre 1791, sanctionné le 14 octobre, concernant la liquidation des dettes des corps et communautés supprimés, tit. 2, art. 10.

I I I.

Les taxes de l'*enregistrement*, du *timbre*, des patentes et des douanes, seront perçues en 1792, conformément aux lois qui les ont établies et qui en ont réglé la perception.

Décret du 29 septembre 1791, sanctionné le 14 octobre, concernant les impositions de l'année 1792, art. 19.

IV.

Toutes quittances de rachat des rentes ci-devant créées irrachetables, ou qui sont devenues telles par la prescription de la faculté de rachat, seront assujetties à *l'enregistrement*, et il ne sera payé que 15 sols pour le droit. Les frais en seront à la charge de celui qui fera le rachat.

Décret du 18 décembre 1790, sanctionné le 29, concernant le rachat des rentes foncières, tit. 7.

V.

L'obligation de faire contrôler les quittances de rachat des droits ci-devant seigneuriaux, prescrite par les articles 53, 54 et 55 du décret du 3 mai, doit s'entendre de l'obligation de faire *enregistrer* lesdites quittances, pour lequel *enregistrement* il ne sera payé que le droit de 15 sols.

Décret du 23 décembre 1790, sanc-
tionné le 5 janvier 1791, art. 7.

V I.

L'assemblée nationale , informée que les bureax nuouvellement établis pour la perception du droit d'enregistrement , veulent exiger ce droit sur les quittances de liquidation et remboursement des offices , décrète que l'exemption du droit de contrôle , prononcée par les articles 7 , 12 et 13 de son décret du 28 novembre dernier, doit s'entendre également du droit *d'enregistrement.*

Décret du 10 Février 1791 , sanctionné le 18.

V I I.

L'assemblée nationale décrète que les quittances qui seront données par les créanciers de l'état , pour appointemens , gages , salaires , traitemens et autres parties de la dette arriérée, ne seront point sujettes au droit *d'enregistrement*.

Décret du 3 avril 1791, sanctionné le 6.

VIII.

Les billets de 25 liv. et au-dessous, souscrits par des particuliers, échangeables à vue et au pair contre des assignats ou de la monnaie de cuivre, à la volonté du porteur, seront exempts du droit de timbre.

Décret du 20 mai 1791, sanctionné le 25.

IX.

Les procès-verbaux rédigés par les préposés de la régie (des douanes nationales), seront soumis à la formalité de *l'enregistrement*. Les rapports faits devant les juges et officiers municipaux y seront pareillement assujettis, sans que cette formalité puisse être exigée pour les actes d'affirmation desdits procès-verbaux.

Décret sur l'organisation des douanes nationales, du 6 août 1791, sanctionné le 22, tit. 10, art. 22.

Fin du tome premier.